丘孔生著

文學叢刊

下班後的雙人舞

文史哲出版社印行

國家圖書館出版品預行編目資料

下班後的雙人舞 / 丘孔生著. -- 初版. --臺北
市：文史哲, 民 97.06
頁 ： 公分. --（文學叢刊；203）
ISBN 978-957-549-797-2 (平裝)

855 97011425

文學叢刊 203

下班後的雙人舞

著者：丘孔生
郵政劃撥帳號：0367853-1 丘孔生
出版者：文史哲出版社
http://www.lapen.com.tw
登記證字號：行政院新聞局版臺業字五三三七號
發行人：彭正雄
發行所：文史哲出版社
印刷者：文史哲出版社
臺北市羅斯福路一段七十二巷四號
郵政劃撥帳號：一六一八〇一七五
電話886-2-23511028 · 傳真886-2-23965656

實價新臺幣三〇〇元

中華民國九十七年（2008）六月初版

ISBN 978-957-549-797-2

序

台客

自大學畢業後一轉眼之間，三十幾年時光匆匆流逝。這期間，同學們星散全台各地，鮮少聯繫。去年五月，突接「老班長」陳正輝來電，表示要在台南市舉辦一次同學會，希望我能撥空南下參加。

與會同學約有十餘位，大家談得十分愉快。餐會後，我並和與會的丘孔生、吳美鑾兩位同學，一起坐火車至台南善化他們家中小坐。丘孔生和吳美鑾兩位是我們班上僅有的兩對班對之一，令人欣羨。在他們家中小坐其間，丘孔生並帶我至他頂樓的畫室，參觀他的畫作。他表示，兩年多前自服務的教師崗位退休後，才開始拜師習畫。對於繪畫，我是外行，不敢置評，但能感覺已有一定水準。

自那次同學會後，又過了約半年，突然接到孔生寄來一個光碟，幾張插畫，表示希望出版一本散文集，希望我幫忙作序。老同學有此雅好，令人欣喜，自然也樂於幫助。

仔細地讀完本書的八十篇散文，及附錄的五篇影評、書評、詩評、譯作，感覺孔生的文筆十分簡潔有力，他善於將生活中觀察到的感動，擷取題材，化爲文字。不論是憶舊、懷人，描述生活中的一個小人物或一段生活小插曲，皆寫得十分生動、活潑、有趣。尤其是描寫夫婦鶼鰈之情、父子舐犢之情、兄弟人倫之情、師生互動之情，更是絲絲入扣，令人讀之動容、欽羨。文章中也有幾篇看似詼諧之作，卻頗見機智，令人深思。由於全書都是小品文章，讀來心身愉快，毫無負擔。這些小品文章，都曾在國內各大報刊諸如中國時報、聯合報、自由時報、更生日報等發表，顯見已經過一番考驗，具有一定水平，值得賞讀。

老同學出書，值得恭賀。我願爲他撰文舉薦，是爲序。

二〇〇八年二月廿五日於台北縣鶯歌

（按本文作者係詩人，現任葡萄園詩刊主編。）

自序

讀初中時，有位任外事警察的叔叔，常來我家玩，總不忘帶些中國文學的書籍鼓勵我們孩子閱讀，有王藍的「藍與黑」、鹿橋的「未央歌」、司馬中原的「狂風沙」……，也有外國狄更斯的「雙城記」、褚威格的「一位陌生女子的來信」、毛姆的「毛姆三部曲」……，還有中英對照「泰西五十軼事」，諸如此類的書冊。有時幫完家事，一有空閒，我就抱著書在屋前榕樹下，猛啃一下午，尤其在炎炎夏日，樹蔭下和風送爽，樂在其中。閱讀完後，心有所感，就會寫上七、八行的心得要點，猶如備忘錄，原是虛應故事，後來書寫成了習慣，雖短暫的一年，卻給了我莫大的助益。

直到高三，國文老師規定每天找時間看中央副刊的方塊文章，且要求同學寫文章也以五、六百字為限，就得將事情來龍去脈交代清楚，訓練同學們的文章內容精簡、真誠、有趣。於是書寫小品文約在五、六百字之間，如素描般，以真心情寫出心中的感動。

因之書寫成了我生活裡一件歡悅的事，彷彿親密地陪伴在我的身邊，作了美好的見證，有時寫出一段話語或一則故事，都是心靈的對話，真摯的流露，和感覺的躍動。直至今日，我高興依然保有這份熱忱。

書中八十篇散文和附錄評論譯文，皆是在報紙刊物登載過，現今挑選編輯成冊，每篇文章都含帶著我當時的一份心情、一種想法，願讀者翻閱之時，也有異樣的喜悅。

老友陳正輝同學精心創意的插畫，和同學亦是詩人廖振卿（筆名台客）的文情並茂的序文，使本書增色不少，在此一併感謝他們。

二〇〇八年一月於台南

下班後的雙人舞

目次

附錄篇

書 評

詩 評

譯 作

「父親的榮耀」文中作者的父親

「母親的禮物」文中作者的母親

作者夫婦攝於加拿大
最後一根釘紀念碑前

作者夫婦攝於日本輕井澤聖保羅教堂前

「把她的過去送給她」文中作者的女兒

「吾兒初長成」文中作者的兒子

女兒和女婿攝於日本

「兄弟姊妹共此時」文中兄弟姊妹
前排左起：作者、大妹、大姊、大哥
後排左起：小弟、大弟、二弟

作者自畫像（油畫）2005

旗山大街（水彩）2006

新竹鎮西堡（油畫）2006

日本中禪寺湖畔（油畫）2007

淡水河（油畫）2005

巷灣（水彩）2005

學校舊宿舍（水彩）2005

花蓮鳳林 林田山（油畫）2007

溪畔（油畫）2005

新竹 竹東老厝（水彩）2006

台南公園河畔（油畫）2007

沈思（油畫）2006

花蓮石梯坪民宿（水彩）2007

韓國影星（油畫）2005

早餐（油畫）2005

花蓮赤柯山加蜜園（油畫）2006

海灘男孩（油畫）2006

宜蘭童玩節（油畫）2007

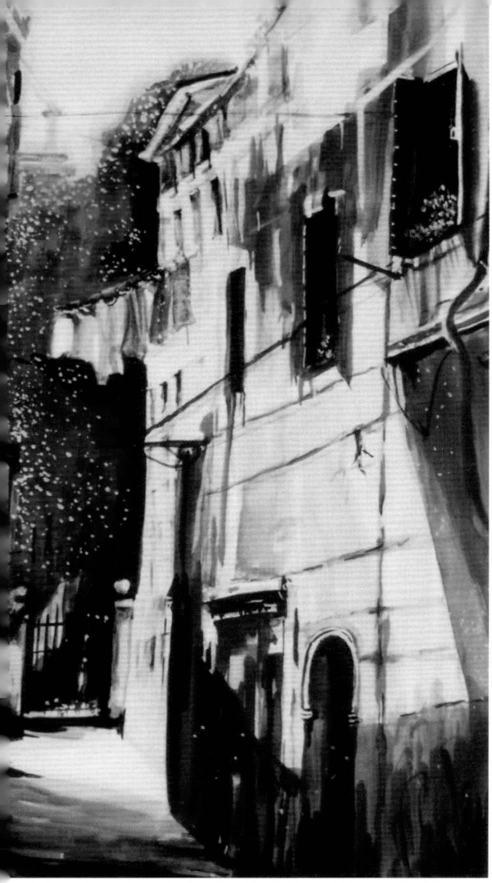

後巷（水彩）2007

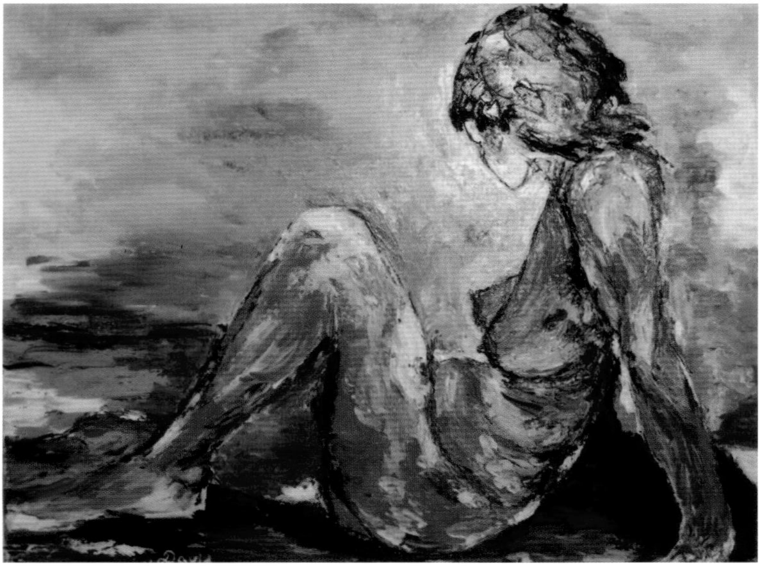

少女（油畫）2006

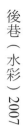

散文篇

母親的禮物

至今下班後，閒來沒事仍舊保有閱覽報章雜誌的習慣。

記得小時候，生活清苦物質匱乏，而我對讀書也興趣缺缺，父母憂心，老師煩心，我卻依然每天揹著書包無憂無慮上學去。

母親鎮日忙著家務，父親常出外工作。在我讀國小四年級時，因學校興建工程只上半天課，有一天母親叫我到她面前來，和藹地對我說：「用過午餐後，如果方便的話，幫我去報紙公告板，看看有什麼重要新聞，再回來告訴我好嗎？」我一臉困惑地答應了。

在居家北濱街轉角不遠處，街道旁有個簡陋的木製看板，上頭有個小巧的遮蓬蓋，板上張貼著當天報紙，母親說看些大標題就可以了，有不認得字沒關係，但我伸長脖子總試著將內文看個究竟。有些看不懂，沒興趣，或篇幅過高看不見就都略過，偶有大人在旁好奇看著我，我仍然似懂非懂地繼續努力閱讀著，我想向母親敘述多些新聞，她會更高興吧！日子一天天過去，我漸漸習慣了這差事，心裡也覺得有份成就感的喜悅。

當我得意地報告時，母親會邊慢慢摺疊晾乾的衣服，邊仔細地聽著，還不時抬頭專注地看著我且緩緩點著頭，那慈祥的神情含帶著信任和鼓勵，我內心莫名泛起異樣的感覺，末了總會輕撫我的頭，讚美幾句並說聲辛苦了。就這樣幫母親看新聞報紙近一年時間。

多年後，每在夜深人靜總會憶起這段往事，自忖當時母親何不抽空自個兒去看新聞報紙而大費周章要我代勞呢？

前一陣子，無意間想起，在我國小六年級時，有一回父親出差，臨出門之際，看著我高興讚許說：「你成績有進步了，想來有養成讀書的好習慣喔！」還在我手上放了三塊零用錢。

這讀書習慣使我在求學過程中頗爲順利，對我往後人生也有莫大助益，於是母親當時的用意，如今豁然開朗，隨之一股暖流在心中流竄。原來母親早在我小時候，就留給我這件珍貴的禮物。

更生日報　九五、五、十五

更生日報
語文競賽 海星國中破紀錄
語文競賽 海星國中破紀錄

情書是回憶初戀的地方

閒暇與妻相約往頂樓打理陳舊雜物，不經意翻出多年前彼此往返的情書。但見信紙長短不一，泛黃摺損，經水災泡過後，有的字跡模糊，年月不清，有的短少缺頁，想要按日期先後排序，是個費時的大工程。

視力遠不如前，又通風不良，額頭漸起汗霧，偶有拍動，四處即塵起灰揚。突然，聽妻歡悅叫了一聲：「瞧！這張明信片，你好大膽，當時不用信紙寫，還畫了個圖，幾乎女同事傳遍了，才交到我手中，好糗喔！但是那晚我真的好高興。」幾句慰問語，及旁角附上手繪一幅小女孩與小狗的插畫，沒想到卻留給妻子這麼大的震撼和感動。

她小心翼翼地一封封地翻閱著，心情的轉折，一一浮現在她臉上，沈浸在那段初戀的回憶，想著種種的美好。

不時望著妻的神情，我發現她其實不急於整理那堆塵封已久的情書，而是想尋回那段逝去的甜蜜歲月，我不由自主地，也陪她融入信中的情節。

歲末年初的時節，共同的初戀，成爲我美好的記憶。

聯合報　九二、十二、六

花崗山的那段日子

小時候，喜歡在傍晚餐後和阿雄結伴上花崗山納涼閒蕩。他常隨身帶包花生，我路過也會買上幾根鳳梨心，閒坐草坪上彼此分享。夕陽西下，天色微暗時，就會見著對對情侶在山岡邊或樹叢間席地而坐，低聲細語，情話綿綿，而夜暮低垂，更有閒情逸致的人踏著暮色尋找詩句，時而低頭沈思，時而抬頭展望，一副與世無爭的心境。

由山崗往下望就是太平洋，海上漁船燈火猶如螢火蟲若隱若現，在矇矓的月光下，海水的波動如碎片玻璃不時閃現，如夢似幻，煞是好看。我和阿雄定睛看著，爲這景色而著迷，海風習習，拂面吹來，真是清爽愜意。

我和阿雄有集郵的共同興趣，談得來，郵票面上展現偉人風範，也呈現五彩繽紛異國風情，他常對我說，海的另一邊是怎樣一個世界呢？我們都嚮往有天能一起走出去。

學業上他算數一團糟，但社會科卻是強棒。我們彼此互補，由於當時學校惡補正盛，我們身心疲乏顯得諸般無奈，白天不如意，課後花崗山就成了我們心中秘密基地了，直到國六能力分班，我們就各忙各的，上了初中漸漸失去了聯絡。

事隔多年，重返花蓮花崗山，我佇立遠望，卻望不到湛藍的大海，頓時感到驚訝、錯愕而惋惜，抓不回原先內心遨遊大海的感覺，原來坡下聳立著棟棟水泥大樓擋住了視線，破壞了這麼美好的大自然景觀，讓我悵然若失，難以釋懷。

當我轉身緩緩離去時，當時望海時的夜景，和阿雄弓坐的背影，卻在我腦海一一浮現，迴盪不已。

更生日報　九五、五、四

一枚胸針

或興趣，或機緣，我參加皮革絞染創作研習。男女學員共聚一堂，牛皮在手，剪裁綑綁，塑定造型，個個全神貫注，費盡巧思。

在配色上細加斟酌，渾厚的清水，將色彩暈盪開來，渲染得五彩繽紛。待小牛皮陰乾，繃緊銅片上，敷妥強力膠，再安上銅胚，呈現眼前是枚亮麗耀目的胸針，如夢幻般的雲彩，不時飄動著，煞是迷人。

兩旁近鄰湊巧都是女士，當我大功告成，正孤芳自賞，卻驚然發現女士們的胸針皮飾，製作極爲別緻而富創意。色彩熏染如振翅蝴蝶，如雲層裡的山水，更有如國劇裡的臉譜，變化多端，相形之下不禁汗顏。

斜對面的媽媽滿懷慈祥地安慰說：「男孩子能製作出皮飾胸針已是難能可貴了。」她讓我打消束之高閣的念頭，然當禮送給另一半，卻也令我猶豫。

踏入家門，閒坐客廳，翻報瀏覽，另一半不時前來閒聊幾句，而時間彷似有意提醒、催促著。我略帶靦腆緩緩將皮飾胸針由褲袋掏出遞上，她好奇接過，在手中珍惜地把玩著，不時露出讚嘆神情，驀然抬頭微笑說：「老公你是怎麼辦到的？橘橙和淡水藍，有的混合，有的若即若離，色調柔和有朦朧之美，剛好搭配我這件深色衣服。」鏡前，正姿、側姿多角度照著，照出她一身神采奕奕。

不用比較感覺真好，一股暖流熨貼心頭，但見她細柔的手指在胸前別上那枚令人遐思的胸針。

台灣新聞報　八六、七

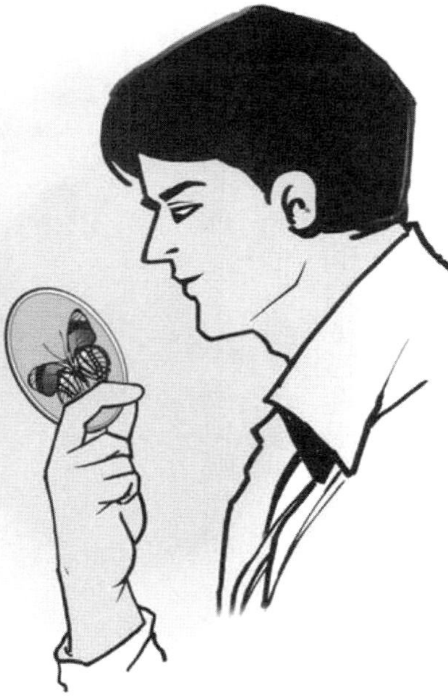

偷兒理論

「錢沒付，別跑！」店老闆咬牙切齒，怒氣塡胸，卯足了力，猶似哪吒踏上風火輪，狂奔而去，喘氣之間不停喊著：「站住！還跑！」犀利的嚇阻聲，中氣十足。

但見小偷二十來歲，手握電筒，死命衝刺，散落褲外的白襯衫迎風飄盪，齜牙咧嘴，急速奔逃。

只因路人多方阻礙，速度減緩，竊賊只好功敗垂成，店老闆驅身攔腰抱住，大聲斥喝，這幕場景緊張刺激，且因時間短暫，更具張力。

偷了手電筒的青年從老闆手臂中掙脫，卻理直氣壯：「我只是拿回家去，看能不能使用。」讓我們兩位從台灣來的觀光客，頓時傻了眼，呆立當場，只差沒昏倒，這也是理由的話，我們真是開了眼界。

老闆也不示弱，緊抓著衣領拖回店裡，口中不斷威嚇著：「要就付錢，不然拉你找公安！」

在旁路人嘴角帶著微笑，顯然是司空見慣。偷竊青年一面走著一面嘴裡不停地唸著，進得店，付了錢，拿了手電筒走出門外，直嘀咕著，顯得一百個不願意，走出門沒幾步，猛然回頭對著老闆喊：「買回去不能用，你就死定了。」順口罵了幾句髒話又吐了一口痰。

我倆目送他的背影緩緩離去，那句咀咒聲在北京的午後迴盪著，而我們的心情猶如背後的包袱，有待整理。

自由時報　九四、四

冰淇淋伴奏父子情

遊覽洛磯山脈，大多旅客是不會錯過名聞遐邇的夕卡摩冰品店，品嚐各式各樣美味可口的冰淇淋。

那天遊覽車一停妥，大家也滿心歡喜，迫不及待地湧進店內一償宿願，櫃檯櫥窗大桶大桶五顏六色冰淇淋立刻呈現眼前，室內空調更令你感受到冰淇淋的涼度，不由褪去了一身的暑熱。

兩球亮麗鮮甜的冰淇淋層疊在甜筒上，大家慢慢地享受著，每個人臉上漾著貼心的喜悅和滿足。

正當大夥享受之際，走進來了一對父子，除了高矮大小外，胖嘟嘟的外形幾同一模子，像極了。他們各自點了喜愛的口味，一客甜筒像疊羅漢似的一口氣疊上了六球，一手撐著甜筒，另手輕按頂上，五彩繽紛的冰淇淋看似弱不禁風，搖搖欲墜，那欲溶未化的狀態，令人擔心。我們啞然屏息，定睛望著，但見他們父子緩緩伸出舌頭，優雅地由下往上輕輕滑過，不疾不徐。而亮麗的眼珠子，靈敏地掃射著，一切在掌控中，喉頭規律地聳動著，細細品嚐冰淇淋那獨特的風味，那熟諳的技巧和陶醉的神情令我們呆立當場，既佩服又羨慕，可真大開眼界。

後來發現他們的舌頭特別長，好像天生用來吃冰淇淋似的，上下翻動柔軟輕巧，冰淇淋將溶欲滴，舌尖卻輕易帶過，有時上下縱橫，從容不迫，有時稜角整修，怡然自得。父子腦勺一高一低，起伏有致，舌頭一伸一縮，挑捲並用，宛若跳躍的音符，合奏著美味的樂章。

他們父子享受之間，眼神彼此傳遞著相同嗜好的歡悅，而濃郁的親情也不時在眉目間交會滑過。我們在旁，除了品嚐冰品之餘，也在驚奇中慢慢嚐出另份幸福的甜度。

更生日報　九五、七、二二

空間的隨想

之一

爲了增添綠意，庭院前，放置一小株好友送的桂花，小朋友單車常進出，脆薄陶盆打翻幾次，有了裂痕。疏於更換，日子一天天過去，因有了陽光雨水滋養，桂花長得翠綠可愛，它的根鬚經由裂縫，自然蔓生出來，沒幾天根鬚更形粗大，像似費力掙扎，脫困而出。之後不經意，過了好一陣子，還來不及更新，花盆就被撐破了。

桂花爲了生長，很自然地擴展地盤，爭取空間，若束縛而少了空間，就無法讓枝葉濃綠舒展了。

之二

小時候喜歡拿著小袋，裝著拾回零落的稻穗，走往後院，學著雞叫，將稻穗向空中灑出，看著雞群飛奔而至的喜悅。一昂首，一投足，那麼簡潔俐落，精神抖擻。

前些日子往老李鄉間老家，路經一家大雞場，但見每個雞群上百隻，關在一起，叫聲連連，擁擠不堪。老李說，因缺乏活動空間，雞子躁鬱、驚嚇、攻擊，以致互啄而死，這事時常發生。國外業者爲了避免雞財兩失，還會將剛出生的小雞「去喙」呢？聽後，不禁興起憐憫之心。往昔曠野空地，雞子展翅奔跑，掘地挖蟲的情景不多了。

之三

家裡的電腦，使用一段長時間，檔案就繁多凌亂，需得騰出空間，否則操作上就顯得緩慢遲鈍了。若電子信箱，不過濾刪減，就會爆滿，無法進入新的訊息。

人們常瑣事纏身，勞碌奔波，腦子一直不停歇，如能工作後，到吧台喝杯冰啤酒，尋回自己的空間，讓思緒沈澱，也是樂事。

因之，近來喜歡假日，和另一半驅車前往水庫散心，沿著湖畔，漫步堤上，閒話家常，彼此關心，當腦子騰空，一時腦醒神提，思緒清明，全身清爽。

所以有了生長活動的空間，植物才有新枝綠葉，生意盎然。而雞子有了舒展空間，才能活潑蹦跳，雄赳氣昂。人又何嘗不是，腦子若有騰空的時候，才能活源不斷，思維清新，工作上也就會有啓動再出發的衝勁了。

更生日報　九五、五、三

美夢成眞

日前午後時分，獨自一人閒坐客廳。無意間看到錄影機架上，躺著一卷兒子借來的錄影帶。一眼瞧去，「月宮寶盒」四字映入眼簾，霎時內心興起一股莫名的震撼，而陷入童年的沈思。

在三十多年前的花蓮，對一個出身貧苦人家的小孩，竟然愛上了電影，是件奢侈的事。就讀小學時，有天我在旁聽著同學神采飛揚地，談著一部類似天方夜譚的片子「月宮寶盒」，述說戲裡的神怪巨人，如何迎風飛騰翻山越嶺，而主角更是如何克服萬難爬登巨佛，爲取得魔幻寶石而大戰毒蜘蛛，那驚險刺激的場面，直教我當時羨慕得全身熱血沸騰，告訴自己一定要看這部片子。

接著幾天，我幫母親挑水、劈柴、洗碗，諸如此類零星打雜之事。一星期過後，從母親手上接下七毛錢，那是一張電影半票的錢。一向沒有零用錢的我，興奮得把錢緊緊攥在手心。睡前將錢數了兩三遍才放心，但還是因期盼隔天的到來，而興奮得輾轉反側，難以成眠。

從豐川鄉下走到花蓮市區要個把鐘頭，記得那是個艷陽高照的下午，沿途沒有遮陽的東西，曬得汗流浹背，赤著腳在尖硬的石子路上艱難地走著，一路上同學描述的零落劇情，卻在腦海裡交錯顯現。

進得城來，直奔戲院，到了賣票口，喘著氣張開握得溫熱的七毛錢，遞了上去，渴望的眼神盼著票的出現，這時內心激動不已；但從窗口傳來小姐聲音：「早漲價了，半票是九毛錢！」真是晴天霹靂，霎時天旋地轉。還記得當時個子小，左手緊抓住窗口前的木緣，久久醒悟不過來，直到後面買票的人叫我離開，才把錢收回。我在戲院前依依不捨，徘徊了好一陣子，而後佇立在櫥窗前看著劇照。看著，看著，顏色鮮艷的劇中人物漸漸模糊。

回家的路是那麼漫長，總覺它走不完。踏著每顆尖碎石子，都是心頭的痛，夢碎的心緒在內心翻攪。擔心媽問起原由，在家臨近的一顆榕樹下，悵然若失枯坐了一個下午。

童年的夢起夢落，是心中的遺憾，是永遠的烙痕。事隔多年，本以爲淡忘不復記起，如今見著這卷帶子，百感交集，輕輕拿起這部片子，推進錄影機，讓童年美夢成真。

台灣時報　八六、三

一個熱便當

正費神打著電腦，卻被妻叫到樓下廚房洗碗。說是兩個孩子，明天段考，不好耽擱他們讀書時間，煩我代勞。當我清洗到孩子們的便當盒時，不自覺地停了下來。往昔讀小學時的情景，禁不住在腦海幕幕浮現。

那是個晴朗的下午，小學生放學後，在校園旁等公車，男女同學書包，依序先後列在草坪上，然後大夥兒追逐、嬉戲，鬧成一團。正當興高采烈，突然察覺我的書包被掀開過，即刻奔向前去察看，發現便當盒不見了。促狹的同學暗自偷笑，更有同學在旁幸災樂禍。沒人承認是他幹的，氣得我直跺腳。就在這當兒，公車來了，大夥兒隊也不排了，蜂擁而上，在擁擠的車上，無從問起，只好強忍淚水。

隔天帶著昨晚母親的數落，無精打采來到學校，手中還不時摸著口袋裡的三塊午餐錢，口中喃喃自語，叮嚀自己要找回便當盒。

升完旗，回教室坐定後，不久傳來女同學的聲音：「請問這便當是哪位同學的？」聞聲望去，天呀！是她，紮了兩條小辮子，笑起來兩個小酒窩，心中歡喜，曾和她聊過幾句，因之惹來一個禮拜「男生愛女生」的罪名。

因此當時光景，甚爲尷尬，只覺心跳加速，渾身發熱，滿臉通紅。我費盡全力，才將身子撐起，鼓足勇氣去接過便當。霎那間，一股暖流由指尖直透心田，便當竟然是燙熱著，感動之情，一時無言以對，傻呼呼愣在那兒。而她略帶靦腆的淺笑，仍顯得落落大方。至於我怎麼回座卻茫然不覺。當天整個上午，只覺心神不寧，坐立難安。小手不時伸向書桌內，感受便當的溫熱和她細心的關懷，而急盼午餐到來的念頭，將老師的話語句句打散，化作片片雲彩飄向九霄雲外。而事後深感遺憾的是，只怪當時年少無知把這份濃郁溫情謝在心裡。

雖然事隔多年，然而每在閒暇人靜時，蘊藏心底的這份溫馨暖意，彷如拉開心愛的抽屜，時時記起，難以忘懷。

台灣時報　八五、十一

牛肉在那裡？

馬克是位二十來歲美籍青年，初次來台，在一家補習班兼課。我最近有事去補習班找朋友，因經常走動，和他照過幾次面，但並不很熟。

有天，中午時分，我在補習班休閒室等候友人，閒來無事翻閱著當天報紙。湊巧他也進來了，我微笑著禮貌向他打招呼。當錯身而過時，見他一手拿著一碗牛肉泡麵，我頗覺新鮮。未等我開口，他就有點靦腆地說：「以前看見別人吃過泡麵，味道聞起來滿不錯的。」邊走邊附加一句：「不貴，才三十元。」雖是如此，我還是略感錯愕。

是否認得「辛辣牛肉麵」五個中文字，這倒不重要。只見碗面的彩色廣告紙，就讓你一目了然，紙上印出那幾塊熱騰騰的牛肉，真是擋不住的誘惑，夠你食慾大開。

他帶著 enjoy 的神情，緩緩地撕開碗面的廣告紙，先拿出辛辣油包瞧一瞧，再拿佐料粉末包。想再往裡翻，沒了，只有烘焙的乾麵靜靜躺在那兒，滿臉狐疑且瞄了我一眼。

隨之，迫不及待撕開包包，擠出辣油，倒出佐料粉末，仍然見不著牛肉。他有點失望，無奈順手翻回碗面的廣告紙，看那鮮嫩欲滴的牛肉，蒸騰的霧氣想來他內心一時無法平衡。

只一眨眼的工夫，他卻露出詭異的淺笑，彷彿揉入了東方難以理解的神秘，心想說不定經過滾水一番浸泡，牛肉自會浮現。頓悟似的捧起了碗，走向飲水器盛滿滾燙的開水，回座用筷子壓住碗面紙蓋。

這時我已無心看報，卻又希望朋友慢點來，於是翻著報虛應故事。

約莫三來分鐘的期盼與等待，他終將紙蓋掀翻開來。一股濃郁特有的芳香，陣陣撲鼻。他笨拙地交疊木筷撈起麵條，而頭卻斜下接著吃，吃得辛苦卻也愉快，好不容易喝完最後一口湯。

末了，不捨地合上廣告的紙蓋，抬起頭來，臉上彷彿寫著：牛肉在那裡？

台灣新聞報　八六、八、一

拋棄的空鐵罐

好不容易，找了份工作，安定下來，但不出半年，公司營運不佳，又得走路。他沮喪地漫無目的走著，巷子邊不遠處，瞧見一個被捏凹遺棄的空鐵罐，斜躺著，走近，不經意地踢了一腳，飲料空罐，彈跳翻滾，叮叮噹噹，在牆角邊遽然戛止。

他幾番踢著，而被踢動彈滾的空罐，似乎一路跟著，伴他玩著，彼此愈來愈熟悉，看著它滾落石階，晃動，停下，好像等待他再來一次，把玩它，踢弄它。

空鐵罐殊不知，人們隨時玩膩了，玩倦了，就會離棄它，是完全依人們的喜好，空鐵罐本身毫無選擇。

他已無趣走過，卻又緩緩轉身，凝望著空鐵罐，靜靜駐留街角，內凹，卑微。斜陽餘暉，在鐵殼上，隱隱映出他的身影。

台灣新聞報　九二、十、二

陪母親上菜市場的日子

除了陪妻逛街外，我也喜歡一人獨自閒逛，新穎悅目的貨品，創意新潮的款式，總會吸引我的目光，這種逛街閒情，大概從小就養成的吧！

小時候，跟母親進城買菜，是一天最快樂的事。經常一大早就在門前等候著，一見母親化完妝跨出門口，我就興奮地跑上前去，牽著母親的手，另手搶著要拿菜籃子，母親總笑著：「籃子重，你就別拿了。」清晨的陽光溫熙地灑落在身上，迎著徐徐涼風，一身清爽。

進得城來，母親偶會停留百貨店前，袋袋雜貨，琳瑯滿目，金針、香菇、木耳等等，不計其數，母親從袋中輕輕撈起些許，檢視它的大小、質地，托往鼻前，聞聞它的香鮮度，我在旁觀察，覺得有趣。十來分鐘後離去，有時空手不買，母親說，東西看了，瞭解，事後需要再買，免得多餘浪費。

母親遇到熟人，喜歡聊上幾句，或到朋友家寒暄一會兒就走，應對進退，從容自然。

有家老闆娘最好，每回經過她店面，見著了，笑瞇瞇地直誇我可愛牽著我的手到櫃台，要我選樣吃的，沙琪瑪是我的最愛，巧克力棒也不錯，但母親說過只能選一樣，後來知道適當的滿足，總有下次機會。

菜市場可真熱鬧，車水馬龍，擁擠不堪，菜販肉販叫賣聲此起彼落，我喜歡看著母親挑選，開價的神情，總是不疾不徐，可是轉眼就買了一籃子菜。其間，不時牽著我的手在人群中穿梭著，手柔柔溫溫的，讓我有安適的感覺。

市場鄰近一家「透心涼」冰果室，母親怕我熱著了，習慣替我點上一份我心愛的水果冰，她在旁靜靜陪著我，水果冰送來前，偶爾掏出手帕，拭去我額頭上微薄的汗霧。其實一出門，我心裡就想著吃冰，不過整碗水果冰吃下來，真的涼透心底，但蠻舒坦過癮。

回家路上，母親會順道買張愛國獎劵，她說有個希望總是好的，據我所知，不曾中過什麼獎，想必愛國去了。

小時候陪母親逛街買菜，也有三、四年了，回回樂此不疲，次次當做野外郊遊，因之養成我往後對美好事物有份歡悅與熱忱，並且母親的溫情與耐心，在我懵懵懂懂的童年，陪我走過一段美好時光。現今，每回當我整裝逛街時，就不禁想起母親提著菜籃，跨出大門對著我微笑的模樣。

台灣新聞報　九三、一、三十

下班後的雙人舞

我喜歡下班，在二樓倚窗品茗，極目遠眺居家門前那條蜿蜒小路，路旁錯落著幾戶人家，雲淡風清時，視野顯得格外清朗。

我期待著，不多時，遠處黑點，猶如在滑鼠撥動下，慢慢擴大、鮮明。她着一襲洋衫長裙，乳黃配墨綠，撐著小洋傘，騎乘單車，迎風而來，長髮不時在微風中飄盪著。車籃習慣擺放著學生的作業簿，若少些，就在籃內跳動著。她悠然騎著，臉龐逐漸清晰，映入眼簾。

輕托杯子，不禁想起，我若工作上，瑣事煩心，她如長輩似的一本正經：「有何難題，說來聽聽。」看著她真誠的眼神，熱心模樣，就夠窩心了，還有什麼難事呢？

我偶爾忙著電腦作業，趕在預定時間完成，無法分心和她聊天，她會不經意的來到身後，雙手滑抱胸前，總輕聲細語：「別太累了，休息一下吧！」我會不好意思而虛應故事，其實心裡滿貼心的。

斜陽餘暉，柔柔地灑落在她身上，顯得飄逸優雅。貼心的溫馨暖意，隨著車輪滾動，快速竄起。

我最盼望的時刻終於到來，她一踏進門，樓下就傳來歡悅的喊聲：「我回來了！」我內心瞬間有了落實感，熟悉的聲音，使我明確知道，她的存在與重要性。這時，我滿心歡喜，一天的辛勞，隨之褪去。

下樓，迎上前去，但見她額頭，顯出微薄汗霧，而雙頰卻白裡透紅。她略帶靦腆：「學生有事耽擱，來不及煮飯了！」

「沒關係！我們到外頭用餐去！」我牽著她，邊說邊拿著車鑰匙。

沿路上，涼風拂面，一身清爽。享受這短暫等候，真是件喜樂美事。

中國時報　九二、五、二九

55　下班後的雙人舞

心中美事

小吳檢驗確定是舌癌，隔日送入開刀房，作局部切除手術。好友突發遭遇，使我鎮日難安，手術前的探視、慰問，更益增內心痛楚。是晚，妻建議家庭聚會，於是和孩子三人，盤坐客廳地板，個別爲好友禱告。

第一次家庭聚會敬拜主，真是奇妙，內心洋溢卸下重擔的喜悅，原本沈重的憂慮，卻化作詩歌的讚美。

隔天清晨醒來，初夏微曦，映照窗前，正待睡意褪去，披衣坐起，卻從妝台傳來妻的話聲：「我們何不每星期定時做家庭禮拜？」

韓劇裡，全家圍坐聊天用餐的溫馨畫面，突然閃現腦海。以往瑣事纏身，各自忙碌，心靈交通，總是倉促。如今家人約定共同時間相聚，彼此關心，相互代禱，真是件美事。

原來，心中喜悅是這麼容易得到的。

基督教論壇報　九十、六、二九

意外收穫

北海道之旅，銷假歸來，已是多日，總有股淡淡暖意，蘊盪在心靈的角落，猶似心愛寶箱時時開啓。

鄉野花田富良野，翠綠遍野，百花爭艷，我酷愛紫色薰衣草，在微風中，搖曳生姿。行經花叢，留駐一身花香。

隔天，不經意停佇在一家冰淇淋店前，赫然發現，有薰衣草口味，我好奇點了一份，妻點份牛奶口味。或許語言隔閡，店老闆給了我兩份薰衣草口味，妻還是偏愛牛奶口味，老闆片刻錯愕之後，急忙補上，我付三份的錢，她拒絕了，堅持收兩份的錢，虔敬地彎下腰，略帶靦腆，不時說著：「阿里卡多（謝謝）！」

一時之間，那份虔敬感恩的心，使我倆有點擔當不起，其實錯在我們表達不清，她那樂於承擔與真誠感謝，讓我念念不忘，仿似有機會讓她做對了。

回程機上，因姓名排序關係，和非本團女孩坐一起。她三十來歲，摟著提袋文靜優雅坐著，原以爲回台觀光客，禮貌打個招呼。她微微欠身，說了句日語，面帶宜人淺笑，我不了解其意，但微笑是多麼美好的溝通語言，在她純樸白晰的臉龐上，感受出那微笑的真誠。

十來分後，空姐陸續個別分送紙巾，正夾遞給她時，我十分訝異看著，她竟有禮貌的伸出雙手向前接下，且輕微點了下頭，以表謝意。以往欣賞傳統日劇，偶有此場景，也不以爲意，但當時見此情景，內心激動莫名。她擦拭後，輕掂手中，靜靜等著收回，空姐經過，同樣雙手遞上。

心情的沈澱，每每憶起尾崎放哉的徘句：「沒有容器，以雙手領回。」以雙手誠心領受或遞上，是對人、對物的由衷感謝。其實也含帶對人、對物的一種尊重。

台灣新聞報　九二、四

59　意外收穫

他用心教，她們專心看

學校來了位實習老師，我對他有深刻印象，英俊、風趣、有活力。輔導老師因公出差三天，這是他實習以來第一天代課，之前已將授課教材作了充分準備。

課堂上，他神采奕奕，自信滿滿的，按照他在校所學，先引起動機，再舉例說明，依教材教法循序漸進，偶而補充生活實例，或穿插幽默笑話。

班上女同學，個個精神抖擻，面露微笑，專注的眼神，濃厚的興趣，愈讓他口沫橫飛，欲罷不能。

尤其下課同學起立時，「謝謝老師！」那欣喜的歡悅聲，更讓他有飄飄然的滿足感。踏出教室門口，還傳來女同學的讚美聲：「老師長得好像江口洋介喔！」

上最後一堂課時，同學依然認真學習，專心聽講，特別有幾位同學，那渴望求知的神情，令他感動不已，他禁不住叫位同學起來回答問題，好試測她們三天來所學的理解情況。但情況出乎意料之外，只見全班慌成一團，氣氛驟變，個個一臉嚴肅慌忙翻著頁數，或急問旁座同學，老師現在到底講到那裡了。

經過幾秒鐘後，他才回過神來，「我真的像江口洋介嗎？」但看著手邊的教材，想起連日來的努力，內心的落寞和失望，油然而生。

台灣新聞報　九三、十一

溫情的滋味

每當理髮小姐幫我繫上圍巾，我就禁不住想起，父親當年任職的管區，有位卑微清苦，卻真心純樸的理髮店老伯。

國小時，居家附近有間簡陋家庭理髮店，店老伯個子不高，少有言談，卻常面帶微笑，十足草根性。剪起頭髮，雙手靈巧，動作迅速。在鏡前，我看著剪刀，在我頭頂飛躍縱橫，喳喳作響，好生羨慕。理完不收費，還送我一根玻璃紙包裹的棒棒糖，每回顏色、口味都不同，棒糖在嘴裡可翻滾一個下午。

只要過了段時間，他就會經過住家派出所前，拉開嗓門，大聲提醒我們兄弟該理髮了，我們聞聲出門想打個招呼，卻只見他騎著單車離去的背影，這時門前總會留下他自家栽種的水果，有時送來的甘蔗，怕孩子嫌麻煩，早削皮打包好。幾年後，父親調往鄰近派出所任職，他還是興致勃勃，騎著單車，二十來分路程，到家裡來幫我們兄弟理髮，自然忘不了帶些水果。

難忘一個陰冷的夜晚，他匆促趕到我家，已近十點，途中有事耽擱，他深感愧歉，我們兄弟在夢中被叫醒，百般不願，卻也是第一次聽他說了好些話，耐心哄著我們把髮理完，我悻悻然走去廚房洗頭，內心還是嘀咕不停。他收拾髮具，放置單車後架木箱，並和父親聊了一陣子，之後，道別跨上了單車，消失在黑夜中。記得當晚，他先安置太太住院，才轉道我家，也是多日後才聽父親提起。事隔多年，他那晚落寞的神情，及屈弓的背影，依然烙印腦海，猶如開啓的抽屜，時時想起。

去年因公事順路，重返舊地，往昔破舊理髮小店，早已夷爲平地，另建高樓，樓下撞球場，煙霧瀰漫。

瞬間，我彷彿佇立在店前，追憶他那純樸豁達的微笑，內心存留著棒糖甜蜜的滋味。

台灣新聞報　九二、九、十七

我願爲他朗讀

前些日子，妻家的二哥因輕度中風，右手無法使力，難以握筆書寫，且口齒不清，要稱心啓口交談也是不容易的事，在醫院經過一個月的復健療程，已有顯著進步，但居家至醫院車程往返諸多不便，於是醫生建議在家按時復健即可。可是在家少了旁人口語練習的督促，免不了怠忽而無法定時復健，自然效果就大打折扣了。

妻白天授課，晚上忙於備課或改作業，但心中總有牽掛，覺得自己的二哥因咬字不清，以致少和他人溝通，只能靜待一旁當個旁觀者，看在她眼裡，內心不由難過起來。於是妻盡量白天在校將課業做完，晚上約莫八點時刻，就帶著書本「荒漠甘泉」獨自騎著單車到她二哥家去，爲他朗讀，陪他說話，好使他口腔肌肉靈活應用。

有一回我閒來沒事陪她同往，朗讀過程中，在旁看著她面帶喜悅，很有耐心讀著書裡短文章節。她會先唸一段落，讓彼此有些概念，再重複將字詞兩三字清晰地緩緩唸出，因二哥有人陪讀，就格外用心跟著重述。雖是費力吐氣，張口捲舌，卻依稀聽出字義，妻邊唸，邊語帶鼓勵。

就這樣，在融洽的氣氛裡，彼此你來我往輪流地覆誦著，彷彿兩人心領意會地交談著，顯得自然而舒坦。互動中，可看見他們眉目之間清晰地流露出兄妹之情，同時隨著「荒漠甘泉」裡的溫馨啓智的話語，使主的愛緩緩流入了對方心靈，在旁的我也不由融入這動人的情境。

有時我語帶關心問妻：「會覺得累嗎？」，她總是回答：「怎會呢？」她說陪二哥唸書而見著他一天比一天有進展是件愉快的事，不但趁機會再次好好思考書裡的話語，每每都有新的體會，而且有時間和二哥相處聊天也是難得的共同時光。

看著妻她歡悅光彩的神情，瞬間覺得在他們兄妹濃郁的親情裡，見著主耶穌的恩典。

行李關檢糗事多

旅行團，一行十二人，領隊好意，各贈多樣大理土產，回台入關時，每位團員行李箱都被偵測出磚形之物，類似塊狀毒品。這時兩旁檢警面無表情冷冷地走了過來，不由分說，挑出兩位行李，開箱查驗。氣氛一度緊張，團員個個一臉錯愕，不知所措，僵立當場。衣服翻攪開後，發現原來是塊塊特製精純紅糖（可泡水飲用，消暑去火），當謎團揭曉，大夥鬆了口氣，不禁莞爾，但仍然虛驚一場。而受檢團員，出得關卡，嚇得直奔盥洗室，紓解一番。

不久前，我們由東京搭機返台入關時，更是糗事一樁，兒子為了使皮箱易於辨認，用英文貼紙拼成 justice，貼在行李箱正面，著實無意，為了好玩。

那知出關驗測時，員警一聲不響，示意兒子將行李箱拖置一旁開箱查驗。原來 justice 是「正義」之意，此關員極富想像力，以為搞活動的，擔心箱內有爆炸物，結果一打開，帶去日本又帶回的四、五包泡麵，亮麗醒目，紛紛滾落地面。在旁旅客見此場景，無不捧腹大笑。當時家人尷尬萬分，數落不知是誰的鬼主意，說日本東西貴，晚上肚子餓，可泡麵裹腹，這下面子丟大了。不過查驗無事，也就安心了。上了接駁車，在回程中，這樁糗事大家樂得重複提起。

另一回夠誇張，約在幾年前，姪女和在農耕團工作的先生，從宏都拉斯結伴返國，在該國出入關時，竟然偵測出皮箱內有手槍及手榴彈，他們連同行李立即被帶至密室，姪女嚇得面無人色，心跳一百，關員臉色凝重，不發一語，兩員警分立兩旁，另一員警小心翼翼開箱翻查，鉅細靡遺，極爲慎重。費了一番功夫將內衣外衣件件掏出，最後發現箱底躺著一把吹風機，和兩顆收藏精美的鵝卵石，五彩耀眼，可是在偵測螢幕上卻變成了一把手槍及兩顆手榴彈。姪女說當時她先生雖是中國人，但滿臉短髭，一頭捲髮，三分邋遢七分粗獷，看起倒像地下革命同志，也難怪關員緊張萬分。一番誤解後，順利放行。

出國觀光旅遊趣味多，除了擴展見聞，賞心悅目之外，有時出入關時也會增添幾許懸疑、刺激和意外的驚奇呢？

台灣新聞報　九四、三

大哥的創意傑作

記得剛上高一，沒有絲毫新鮮感，倒是怕不留意觸犯了校規，尤其頭髮嚴格規定常令我緊張不安，主任教官嗓門格外宏亮，說起話來雙眼定睛逼視而來，令人不寒而慄。

有一晚因忙著演算數學題，當趕完時已近午夜，收妥課業，方驚覺明天得服裝儀容檢查，不由心跳一百，鄰近理髮店也早已打烊，內心恐慌起來。一時心急，只好硬著頭皮來到大哥床前悄悄將他搖醒，大哥揉著惺忪睡眼，滿臉茫然地望著我。

我拖著他輕輕走到廚房，說明原委，大哥一臉錯愕，當我將剪刀遞給他時，他睡意竟然全消。我心想只要通過教官規定的三分頭不受罰就好，至於外觀修剪如何也就不在乎了。大哥明天一大早要回部隊，卻義不容辭卯足全力幫這忙，他雖是初次嘗試但很專注，這邊修修那邊剪剪，一副專業模樣，我倆都豁出去了。理妥後我快速洗頭，連鏡子都來不及照就上床蒙頭大睡。

隔天清早醒來大哥已返回部隊，我心存感激看著摺疊的被子，內心似乎感受到被子的那股暖意。上學前，攬鏡自照雖不滿意卻很心安，免於受罰的喜悅令我全身舒暢。

到校後，同學投來異樣的眼光當我是外星人，要好同學忍不住說：「是哪家理髮店，怎會理成這模樣？猶如梯田起伏有致，層次分明。」還好是儀容檢查的日子，同學如臨大敵，想消遣我一番的同學也自顧不暇。

籃球場上儀容檢查，全班列隊就位，寂靜無聲，誰也沒把握安然過關，「下一位」一聲如貫雷，我心頭一震，急忙出列，立定在主任教官面前。他炯炯的眼神如銳箭般一道道射了過來，左看右瞧，忽前忽後，突然站定，我內心暗叫不妙，那知耳邊猛然發出爆笑聲：「這是那一國的頭呀！」接著笑個不停，我們卻笑不出來。

檢查過關後，才知是真正難挨的一天，放學到家不待我提出要求，母親已是笑著催我快把頭重新理了。

坐在理髮店座椅的鏡前，望著如梯田怪異般的髮型，和理髮師一面修剪一面偷笑的情景，時至今日每回想起就不禁莞爾。至於我大哥總會在大夥相聚時，得意地談起這段往事，不時誇耀他那富創意的傑作呢？

更生日報　九四、十二、四

過不去

相戀如許深的感情，他卻可以輕易揮揮衣袖說散就散了。驟然失去的深愛如斷了線的風箏，她極欲挽回卻徒然，而久久無法面對。

那夜她有個好主意，想將記憶書寫，之後密密封存，好卸下心中對他的苦戀。書寫過往是為了遺忘。

筆隨著情緒起伏在紙上游走，時急時緩，憶起熱戀情深，猶如尖銳三角錐在心中任意鑿刺碰撞。

她真以為書寫過後，就能忘懷過去，殊不知再次的回憶卻悄悄落入更深沈的記憶。

她想不透，費心抹去過去，過去卻不放她過去。

更生日報　九四、十一、七

親情釀好酒

小時侯，每逢葡萄盛產期，父親的好友就會贈送自家栽種的葡萄。這些葡萄有點酸，不很甜，母親說那是釀葡萄酒的好材料。

母親先將葡萄剪下，洗淨，再用開水燙過、陰乾，裝入玻璃大罐。這時兄弟姊妹會自動圍繞在旁，又興奮又好奇，定睛看著母親，一層葡萄一層糖，慢慢鋪蓋上去，之後加蓋用布嚴密封緊。

我們大家一心盼著快釀成酒，有時課業做一半就溜去廚房，蹲著看那甕酒。時間雖是漫長，但那段懷著希望的等待是甜蜜的。

直到有一天，突然傳來一聲吆喝：「開封了！」全家大小蜂擁而上，圍蹲一起，屏息靜待，內心卻雀躍不已。母親開封選在晚上，讓大家都到齊，母親不願有某位孩子錯過這盛況。

封蓋掀開，全家不自覺作了個深呼吸，一股鮮甜濃郁的葡萄味，醺醺然湧出，挑逗著你的嗅覺。多年後憶起，那股醺然酒意，依然駐留不去。

母親先舀了兩顆葡萄到每人碗裡，當我雙指輕柔夾起，飽滿圓潤，含入口中，用舌尖將葡萄頂破，裡面的葡萄肉質，經一番蘊釀，早化成酒液，溫溫地在口裡滾了一圈，酒香繞過鼻腔、腦門，然後才讓濃醇漿液，輕輕滑落喉嚨。此時再喝上一兩口葡萄酒時，全身舒坦，在全家齊聚品酒時，整個廚房被醺得香氣四溢。

那是多年的往事了，偶而喝點葡萄酒，總是少了媽媽的味道。現今兄弟姊妹，各有事業，忙碌奔波，然而每當夜深人靜時，我的思緒總被撩起——什麼時候我將再釀一甕葡萄美酒，好讓兄弟姊妹趁機相聚，重敘往事。

聯合報　九二、六、二十

敞開知錯的縫隙就有光

老李是一位敦厚老實善解人意的人，平日過著恬淡寡慾的生活。

有一回到他家作客，聊天之餘，我四處瀏覽他的書櫃裡的藏書，且不時抽出翻閱，無意間發現，在書櫃角落擺著一個不起眼的小紙盒，我好奇打開看看，裡面躺著一輛褪色的小玩具車，質地粗糙而老舊，卻寶貝似的收藏著，我探詢的眼光望著老李，他會心地笑了：「這小車車對我是有深厚意義的。」

他喝了口檸檬蜂蜜茶，回憶著說：「在我讀小學時，常到一位家境富裕的同學家玩，見著多輛新穎別致的五彩玩具車，展列成排，令我羨慕不已，當用力推動車子讓它往前衝刺時，一陣興奮的快感不禁湧上心頭，全身細胞不由活絡起來，但玩完離開他家後，卻意猶未盡，常懷著眷戀的失落感，以致有股強烈的欲望，也想擁有一輛車。」

「當時心想那位同學擁有多輛玩具車，若少了一輛或許並不在意吧！但我私自拿了一輛玩具車之後，內心常忐忑不安，且獨自把玩時，也少了那份歡悅的感覺，有天突然興起歸還玩具車的念頭，但那位同學已轉學到城裡去了。」

「一時的貪念，愧疚隱然存留心底，烙印不去。」老李緩緩說著：「事隔多年，我依然保存那輛玩具車，每每讀書修業時，一直把它當作我人生的警惕物，時時提醒自己，原先認爲它是心中愧疚的負擔，而今早已是我行事爲人的激勵良伴。我珍惜著那段過往，而心存感激，因它蘊含著我的自省與成長。」

聽完他的敘述，我再度審視著這小玩具車，自忖在我人生跌跌撞撞過程中，何嘗沒有諸多輛類似這種小車車，曾否警惕而珍惜過呢？我放回這車時，發現窗旁邊縫射進一小束陽光，不由令我想到，我們若犯了錯而知錯，就如敞開缺陷的縫隙一般，那陽光就很容易亮進心裡來了，這玩具車對他真是好個「美麗的錯誤」呀！

在我返家途中，他的話語依然在耳際迴盪著。

更生日報　九六、七、二六

誰說不會痛呀？

耳膜穿孔外加中耳炎，糾纏我多年，身受的折磨苦不堪言。醫生建議，若不及早開刀，聽力將嚴重受損，曾動過刀的好友一再慫恿，「沒什麼好怕的，麻醉醒來，手術早就結束了。」他微笑地說，而我深信不疑。

手術前一切就緒，我被緩緩推上手術台，這時傳來羅大佑的歌聲，不停地吶喊著。側身左耳向上，以便作耳膜修補，醫生將開洞紗布輕輕覆上，順手柔拉我的耳朵：「放輕鬆，現幫你打麻醉針。」一針在耳背銜接的軟骨刺下，痛可忍受，但麻醉藥水擠開軟骨的碎裂聲，在腦中清晰迴盪著，不禁讓我毛骨悚然。

幾針麻醉藥水散開後，內心隨著手術刀在鋼盤上噹噹作響而緊張萬分。心神未定之餘，醫生的手又在我耳朵輕輕撫摸著，想必在想如何下刀方能乾淨俐落。

我心理卻在想爲什麼不來點輕柔的歌，偏是羅大佑，讓我精神更緊張。雖是麻醉過，但感覺刀在耳朵背後輕輕劃過，嗅出血溢出的腥味，我詫異經由觸覺激發想像，進而帶出嗅覺的敏銳。

耳朵背後的軟骨剖開了，吸管擺在開口，吱吱喳喳地吸著溢出的鮮血，宛如吸血鬼德古拉伯爵現身，附在頸旁，亮出白森森的牙齒，恣意地吸著。

醫生和護士在旁縱聲談笑著，埋怨這回挑染不滿意，兒子手機費用過高，加班費太低，要不就是對影星品頭論足，而我卻靜靜躺在那兒，因麻醉藥的作用，一直反胃想吐。但怕真的吐出來，手術不知如何進行？真不敢想。

等待十來分鐘，我正奇怪手術何以停頓，讓耳朵開敞著，血不怕被吸乾嗎？狐疑間，主治醫生姍姍來遲，他安慰我：「現在替你修補耳膜，會有些微疼痛，放輕鬆就好。」

因內耳器官構造精細敏銳，儀器在耳內猶如猛龍翻江過海，波濤洶湧，又像戰地殺戮，狂砍猛刺，銳痛難當。原來麻藥未深入骨肉肌理，當下豈是痛字了得，但覺滿耳作雷，轟然巨響，幾番折騰使我冷汗直冒。被推出手術室，我已因緊張而全身虛脫酸痛。

病榻上，我滿腹委屈，要不是臉色蒼白，等會兒那位好友前來探視時，可要給他些顏色看。

自由時報 九三、九、二八

77　誰說不會痛呀？

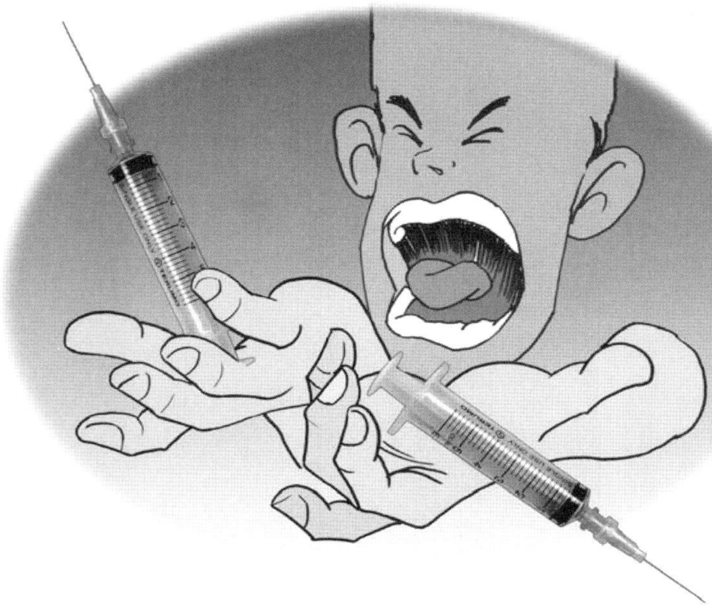

好沈重的硯台

老劉四十來歲，教國文，閒暇不是看書，就是練書法，平日鮮少出門，這回難得放寒假，與我們同行，作趟北京之旅。

老劉有個好習慣，不隨意買東西，唯獨逛到一家賣文房四寶店時，眼睛為之一亮，他看上了一座硯台，店老闆說，那是名貴歙石雕飾而成，用之如意，陳之高雅，藏之升值的藝術品，賞心悅目，極為珍貴。以這低價位購得，划算！我們對硯台、筆墨終是外行，但見硯石邊，精巧雕出，牧童斜靠石旁，怡然自得，水牛跪伏著，栩栩如生。不單老劉喜歡，我們看了都讚不絕口，老劉開九折價，老闆有點不情願，賣了。

盒裝包好，才發現可不輕呀！但老劉背上後，倒有幾分紮實感，他不以為意，我們也就釋然。看中合心意的東西，是件愉快的事。

遊罷，搭車往另一景點，下得車來，四處閒逛，湊巧又路經文房四寶店家，赫然發現同一貨色的硯台，想來同工廠手工雕製，好奇打聽之下，價位便宜三分之一強，老劉臉有點綠了。我們知趣地速速離開，說巧不巧，不遠處，又瞧見另一家，因好奇心的驅使，想避免的事，還是避免不了。老劉初訪大陸觀光，希望他很快適應，我們多方「開導」，別為此耿耿於懷。

未近黃昏，我們一夥決定，找家旅館落腳，好讓老劉卸下那沈重的硯台，至於往後行程，可想見，老劉背負那硯台，似乎一天比一天沈重了。

台灣時報　九二、四

她給我一本書

國二時，常到學校圖書館翻閱報章雜誌，偶爾也會借上一兩本書。學期中，突然新來了一位圖書館小姐，約二七、八歲，清純宜人，行止優雅，臉上不時漾著親切的微笑，為了常見到她，我借書比以往更加殷勤。

原先我只借我喜歡看的書，有天她竟然注意到我了：「同學！你喜歡看書真好，我選本書給你看好嗎？」我渾身莫名地熱了起來，心中既膽怯又興奮，她將些微泛黃的那本書推出了窗口《基督山恩仇記》。

臨出圖書館門口時，不禁回頭望去，陳舊的窗簾掩不住淡柔的陽光灑落在她身上，而我還記得她坐在那兒的模樣。

時光的流轉總是不經意，她彷彿陪我走上了一段啓蒙的旅程，走入百態的人生。初三畢業之際，有天放學湊巧在車棚和她相遇，她了解我無法決定讀師專或直升高中的難處後，語帶勉勵地和我閒聊了一陣子。末了，她輕輕拍拍我的肩膀，微笑說：「這社會是不會給你角色的，你得自己去找，我相信你一定會作最好的選擇。」

那天我很高興騎著單車回家，多年後，我想不出那天回家爲什麼那樣高興？或許是因爲她信任我，而讓我也信任自己了吧！

我畢業前來不及再見她一次，她已離職了。我曾幾次佇立館內的櫃檯前，依稀還能感受她可親的心意。

現在，每回我停留在書房的書櫃前，輕撫著「基督山恩仇記」的書背時，就禁不住慢慢記起了她，慢慢變成了久久的想念。

自由時報　九四、四、二一

競爭下的成長

上小一的姪兒，聰慧伶俐，活潑可愛，唯好勝心強了些。

某天放學後，我順道將他送往芝麻街上英文課，當時他滿心歡喜，童稚的臉龐，洋溢著自信，得意訴說他蟬聯兩週英語說故事冠軍，而這回更顯得十足把握。我勉勵了幾句，心中著實佩服，小小年紀不怯場，真是後生可畏。

但接他回家時，他卻哭喪著臉，繼而抽搐著，無法掩飾的淚水，順著天真的面頰滑落。原來這週檢測比賽，冠軍不是他。期盼大，失落也大，不悅之餘，竟數落對方缺點，因而發生了爭執，同學說他輸不起，直罵他「chicken！」說來也巧，補習班老師才剛教過，chicken是「小雞」、「小姑娘」、「膽小鬼」之意，小姪兒氣得無語以對。

晚餐不發一語，扒了幾口就下了餐桌，我特意過去陪他看完「多啦A夢」，他心情舒坦些後，我趁機打開中英字典告訴他，其實chicken（雞）也非「懦夫」的同義詞，有很多民族利用鬥雞顯其勇猛呢？而且在全世界很多文化中也以雄雞（cock）強有力的無畏精神，來代表男性的能力，所以雄雞（cock）在英文裡也意味著「首領」、「大將」呢？

那晚月色特別清朗，我帶他上陽台，我問他：「今晚繁星滿天，星光璀璨，你覺得美嗎？」他純真無邪地笑者：「好漂亮呀！」「那就對了，如果天上永遠只有一顆星，你不覺得單調，而且寂寞嗎？天上眾星相互輝映，不是很棒？在學習過程中，一定會有競爭，有了競爭，就有對手，有時你好，有時別人強，互相鼓勵，彼此學習，相互提昇，不是很有趣，很有意思嗎？」他略有所悟，點頭認同。

我倆坐在板凳上閒聊著，在他歡悅的眼神中，談著學校趣聞趣事，訝異他對人、事觀察的敏銳。小小眼珠子，似乎閃爍著大小星光。這時，我突然喜歡他那份純真與自信，也讓我深覺包容的可愛。

台灣時報　九二、八

有趣的體會

老崔是位個性耿直，有話直說的人，而這回又惹大嫂她生氣了。

老崔事後無辜地說出原委，前些日子他到黃昏市場買煎餃，老闆收攤前，總會將多出的兩三粒打包一起，算是附贈。偶爾付錢時，遇著零頭少了一兩塊，老闆一定客氣說：「沒關係，不必拿大鈔來找了！」

隔兩天，孩子想吃煎餃，他又習慣往同一攤位買，那天是老闆娘招呼顧客，打包付錢時，可巧一把零錢點算就是少了一塊錢，立即隨身掏出一張千元大鈔，老闆娘順手接下，她不厭其煩仔細清點著。

這令老崔想起另件事，有一回在家小巷轉角處的冰飲店，買杯西瓜汁解渴，老闆將整片西瓜去皮切下，放入打果機，另加入適量冰塊，剛好製成一杯西瓜汁。而另次光顧，老闆娘卻硬是將西瓜留下三分一，而且多放了些冰塊，以致過剩的西瓜汁，另杯裝起自己喝了。

老崔將這兩件事一併提起，這不打緊，他竟然發表起自己的意見，認為男女差別就在「格局」吧！大嫂即刻反駁，那是「節儉」！往返幾回合之後，老崔只好設法打圓場了。

買賣之間，人的微妙心理不自覺地表露出來，多樣而有趣，事物的正逆向思考，亦耐人尋味，老崔對那男女差異的幽微感受是什麼呢？我好想往店面走一趟。

台灣新聞報　九三、九、九

抓回原先的感覺

初婚幾年，每逢炎夏，總有閒情，上山下海，去消消暑氣。騰個假，多則三、四天，少則一、二天，攜手漫步，遊走林間，經番森林浴，腦醒神提，全身清涼。要不，海邊沙灘，戲水翻騰，驅走陣陣熱浪。

之後多年，忙碌的理由總是那麼自然，而避暑念頭，在腦海載浮載沈，過段時間，不知不覺，飄遠、消失，不再浮現，有點悵然若失地過了一夏。

現今，卸下職務，有了時間，真是令人愉快的事。尤其在今年酷暑難耐的夏日，和另一半決定了避暑地，二話不說，整裝打包，驅車前往。

午後，到達湖潭內的大飯店，卸下簡便背包，扶依欄杆，俯瞰明潭美景，且享受黃昏時分另類風情，在斜陽餘暉中，遠山近水，暈染出深淺多彩色調，晚餐過後，一片寂靜，但見對對情侶踏著夜色，漫步在石堤湖畔。

我們特地起個大早，趕赴湖畔堤上，極目望去，晨霧如薄沙，縹緲迷離，隨著微風逐漸散去，靜謐湖面緩緩推向眼前，四周錯落群山，猶似睡意未褪，試著挽住那縷縷嵐煙。湖中有座孤立小島，像極了英國詩人濟慈筆下的茵島，更增添湖面詩意的景致。

沿著大壩石堤，迎著晨風，享受大自然的恩賜。仲夏的鳳凰木，卻早已綻放著花朵，艷紅帶黃，異國風情的南洋櫻，展列成排，配上常綠的九重葛，莖蔓匍匐，美得讓你貼心的喜悅。走入湖畔山間的森林步道，但見常青樹叢，翠綠成蔭，清涼消暑，踩著落葉，伴著鳥叫蟲鳴，享受另番情致。欣賞之餘，不覺坐入了S型的情人座，此時此刻，我們不禁莞爾，對望眼神中，看出雙方依然保存著年輕時的模樣。諸多的追憶，熨貼著心頭。

瞬間，我們倆似乎再度抓回，久已淡忘的那種原來的感覺。

台灣新聞報　九二、九、九

那夜，高速公路上

那天午夜，陰風淒雨。因急事欲搭火車南返，苦無車班。正當在彰化車站前徘徊，一輛計程車如遊魂般，不聲不響駛停跟前。司機搖下窗子，向我揮手，因寒風驅使，一頭栽了進去。座前反光鏡在街燈強光下，映出他滿嘴的檳榔汁，和參差短髭，語帶含糊地說：「再找幾位乘客就出發。」他對我露出曖昧的微笑，笑得我心毛毛。

車東繞西逛，穿梭大街小巷。這時我倒反而比他更急，急著有個伴。約莫半個多時辰，終於客滿上路，不覺心頭如釋重負。

在高速公路上，窗外寒風細雨，車內是中古車的雜音，兼伴吃檳榔的喳喳聲。之外人倦馬睏，一片寂靜。

奔馳中，猛然傳來爆裂聲，繼之車身劇烈晃動。霎時，大夥從夢中驚醒，一陣恐慌，莫名所以。只見司機死勁抓住方向盤，一顛一簸緩緩駛向路肩。大夥驚魂未定，司機說：

「各位下車，我好換輪胎，其實來之前，我就知道後輪有毛病。」他不說便罷，說了倒使大夥個個毛骨悚然。彷如影片中的亡命之徒，在腦海歷歷重現。

乘客中有拿傘沒傘全下了車，外頭雨勢加驟。片刻間，大雨滂沱，水霧漫佈，淋得全身濕透，冷得直抖，茫茫然不知身在何處。換了胎，進得車來，恍如隔世。大夥兒衣服黏答答，渾身難受。但過了十來分鐘，全車內熱氣蒸騰，水霧迷濛。「要開冷氣，不然視線不良。」不知何時，司機又拿起檳榔嚼將起來。這時冷氣陣陣襲來，一波強似一波，冷得牙齒上下打顫，加上久未進食，饑腸轆轆。

車在漫漫長夜，風雨交加中急駛，人卻在飢寒交迫中受苦。

行至斗南，司機在一個不該停的地方停下，我們睜目望去，是停靠一家供司機宵夜的麵攤。不知怎的，大夥順服地被叫下車，接洽轉搭另輛計程車。木然望著原先載我們的司機，啓動引擎，濺起一片水霧，飛馳而去。而新司機卻開口了：「每人加收伍拾元，我想先前那位司機有告訴你們吧！」

不須爭執，大夥都上路了，沒人願意被放鴿子。窗外依然勁風挾著大雨呼呼地颳著。

台灣時報　八六、八

鰻魚猜拳

小時候，居家派出所不遠處，有條蜿蜒小溪，兩邊水草叢生，是撈魚釣蝦的好去處。

一個烈日的下午，我和好友阿輝，結伴前往溪裡捉泥鰍，僅穿著內褲，浸泡水中，不時夾雜芒草泥味的微風，翻越層層草浪迎面吹來，抖落了我們一身暑氣。

突然，驚覺腳底有東西蠕動，經驗告訴我，那是鰻魚，我急速伸手下探，翻泥、捉穩、撈起，待出水面，它卻滑溜飄游而去，我拿起近旁竹籃由下快速捧起，哇！五尺長，表皮光澤亮麗，正得意時，一不留神，鰻魚竟翻籃滑落水中，阿輝正巧在旁順勢網住。

我們曾有爭執過，但沒這次激烈，鰻魚該歸誰，爭得面紅耳赤，阿輝把撈得的小魚小蝦給我，我不答應，當時唯一方法就是猜拳定輸贏，划三次，我輸了兩次。

我一百個不願意，還是將生猛的鰻魚讓給了阿輝。沿著田埂回家路上，心情格外沈重，百尺路程卻顯得曲折漫長，望著近家，視線卻漸漸模糊。

小孩子對不愉快的事總是很快淡忘，晚飯後，我好奇想著鰻魚是如何處理的。於是我翻過田野，約幾分鐘路程，就見著一家卑微的土牆屋，微弱的燈光，卻在晚上顯得分外明亮。

阿輝父親幾乎整晚談著那尾清蒸鮮甜的鰻魚，腮邊短髭，仍然遮掩不住那滿足歡悅的表情。「肉質爽口有彈性！」對阿輝讚美了三次。阿輝在旁略帶靦腆地笑著，今晚在父親的眼裡，他深深覺得內心有了自信與驕傲，父子間那份幽微輕柔的親情，在眉目之間醞盪開來，讓我心中充滿溫馨的感覺，原來幸福是這麼簡單的。當阿輝轉過頭來看我時，眼角含示著感激之情。

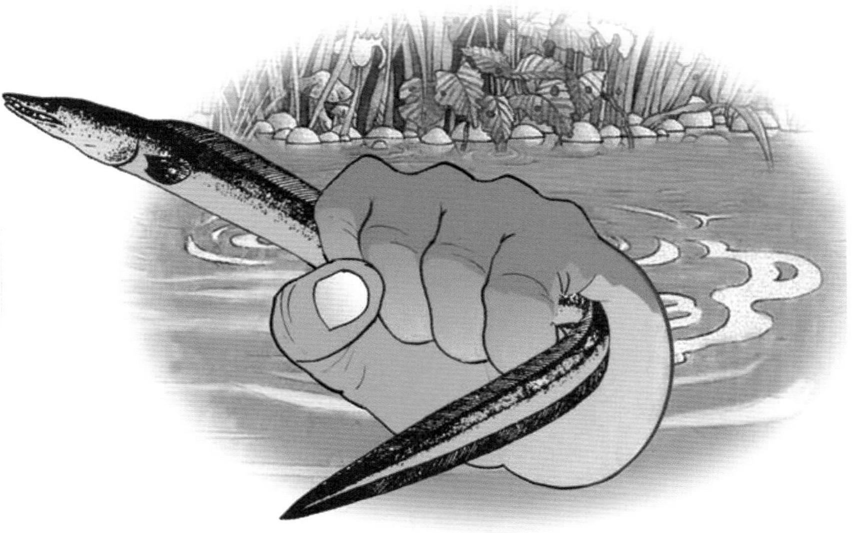

當晚踏著月色回家，步伐卻輕快多了，至今我一直慶幸那次猜拳沒猜贏，因爲那次猜輸了，卻使我一生中擁有那段美好的成長和甜蜜的回憶。

中國時報　九三、六、三

葉片伴奏童年

小時候，居家派出所，有位工友，隻身來台，三十出頭。他能用葉片吹奏出優美的曲調。

黃昏時分，是他清閒的時候，常獨自一人，靜靜的，坐在榕樹旁的岩石上，隨手摘下葉片，就能吹奏出悅耳動聽的曲子，這時，我會迫不及待趕完功課跑去找他。斜陽餘暉，柔柔地灑落在他身上，專注的神情，微動的嘴唇，清脆的曲音，在在令我着迷。

我羨慕，想學，又羞於啓口。吹奏完一曲，他問我：「想學的話，我可以教你。」他微笑的眼神，至今我依然難以忘懷，彷彿看透我的心意，讓我有滿足的喜悅。

他用心地教我，葉片的選擇，手指的拿捏、嘴唇的閉合、發聲的位置，好使氣流的大小，隨著葉片的密合度而產生不同的音階，這可是高難度。在校唱歌，我一向五音不全，當時，他卻耐著性子教我。記得有次，他指著籬笆上附著的蝸牛說：「蝸牛從不計較它的速度慢，但肯定的是，它會到達它想要去的地方。」似懂非懂的我，就一股傻勁，不斷努力嘗試。十來天後，竟然吹出成調的曲子，我興奮地抓著他的手直跳個不停，他輕輕撫摸著我的頭，笑了。

有回當我吹奏他教的曲子，他在旁輕輕亨著：「紅紅的太陽，往上爬呀！往上爬！爬上了白塔，照進了我們的家，我們的家裡有……」落寞的眼神凝視著遠方，我吹出的曲子早不成調，他也未察覺，當他回過神時，卻對著靦腆的我，誇說：「吹得好！」

榕樹下，他伴我度過一段美好的童年，時光的流轉，總是那麼不經意，但悠揚宜人的曲調卻蘊含著那濃濃的情誼，時時成了我一生的追憶。

中國時報　九二、十、六

95　葉片伴奏童年

兄弟姊妹共此時

今年，兄弟姊妹將攜家帶眷，來我家團聚過農曆年，這是令我高興的事。我和妻陸續打理房間、安排床位，歡迎他們到來。

父母在世時，在外的兄弟姊妹，不論工作多忙，每逢農曆新年都會趕回家團圓，當父親年近八十時，有次語重心長地告訴我們：「往後你們還是要定期相聚才好。」就這樣，大家年年輪流作東，圍爐夜話，或坐、或靠、或躺，談著現在，談著未來，更聊起過去生活的點點滴滴。

我們是兄弟姊妹五男兩女的大家庭，早期生活清苦，物質較缺乏，帶來諸多不便，也因此常為芝麻小事爭吵不休。

記得是個寒冬的夜晚，睡覺時，幾個人同蓋一床大被，你拉我扯，埋怨被蓋不暖和，一時無法安靜下來。

這時，母親來到床前，但見窗外的流光，矇矓地映在母親的臉龐，她語帶慈祥：「大家躺在一起，被覆蓋在上頭，過會兒，不知不覺就會暖和舒服。若裡頭有人不安分，將被子一會兒掀開，一會兒翻動，冷空氣侵入，自然大家就不覺溫暖而有所埋怨了。」那時，我們似懂非懂，只知母親原諒了我們，就昏昏睡去了。

長大之後，慢慢了解母親當時的心意，也格外珍惜兄弟姊妹之間那份濃郁的情感，所以，大家都期盼著春節的到來，內心不自覺總有一股親情的牽引，帶來絲絲的暖意。

家人相聚一起，共度這歡樂時光，同時，也藉著共同的回憶，在腦海裡，再次對父母親的懷念與追憶，作爲美好一年的開始。

聯合報　九三、一、二十

吾兒初長成

我因公出差，打包好行李，騎上單車，準備搭載就讀國二的大兒子，同往火車站。去一趟約十來分鐘，到時我乘火車北上，再勞煩他將單車騎回家。

「爸！不用了，我蠻重的，不好載，您邊騎車，我邊跑步，在旁陪您。」他繫好鞋帶，話一說完，就跑上路了，我趕緊追上。

「這不行，跑下來會一身汗的，路人看在眼裡，還以爲我虐待兒童呢？快跳上來吧！」我打趣地催促著。

他爽朗地笑了：「別擔心，最近常打籃球，體力好得很。」

一路上他談著、跑著，迎著午後的陽光，灑在他紅通通的臉龐上，映出他額頭淡薄的汗霧，嘴角略帶稚氣的微笑。步伐穩健，充滿活力向前跑，還不時催趕我。我時緩、時快前後打量著他。而他初次踏入幼稚園，屢屢回首強忍淚水，顯得依依不捨的情景，莫名地閃現在我腦海。

車站一到，他就伸手接過單車，矯捷地將車掉頭，一躍而上，揮著手，還是那副笑容。

「爸！我回去了，您有空，就順便打個電話回來。」來不及謝他，他已衝刺而去，看著他強健有力的背影，漸行漸遠。這時打從心底升起一股暖流，猛然醒覺，兒子他真的長大了。

台灣新聞報　八十六、七

101　吾兒初長成

快樂「煮」夫

王先生是本校的一位職員。他四十來歲，個子不高，少聽他言談。偶而碰面打招呼，分辨不出是否對我微笑。有時興起和他聊幾句的念頭，他卻已擦身而過。

每回我用過晚餐，踏著夕陽，信步走回宿舍。一踏入舍門，遠處就會隨風飄來陣陣菜香。隨之而來，聽到王先生哼著歌曲，伴著炒菜聲。歌聲時高時低，有時亢奮，有時和緩。單身如我，路過此地不由內心肅然起敬。能像王先生這般顧家，樂在其中的男人，著實不多，下班晚歸的王太太，想必看在眼裡暖在心底。家，甜蜜的家。

至於王先生唱什麼歌，我一直不甚在意。有這麼一回，那是個陰霾霾的傍晚，當路經他家側門口，往裡望去，只見鍋底熊熊烈火，映著他似笑非笑的臉龐，獨自歌唱，且按著歌曲的節拍，揮舞著鏟子，炒得噹噹價響。這下我豎起耳朵仔細聽，好熟悉的歌曲，歌詞句句敲入我的心房。那不是首「鳳陽花鼓」嗎？

「我命苦，我命薄，一生一世……」

台灣時報　八五、八

享受一客牛排

品嘗佳餚，除了食物本身美味可口外，視覺迷人的誘惑，更增添了整個過程的享受。

我滿欣賞鄰近住家的小雄，今年十五歲了，乖巧有禮從小對吃就特別敏銳，美食當前，身上的細胞會不由自主活絡起來。

有次同往牛排館，面對桌上擺了一盤他所酷愛的黑胡椒牛排，熱氣蒸騰，香氣撲鼻。他先靜靜地觀看一分鐘，捕捉滋燙聲的聽覺享受，而後了解煎蛋的位置，牛排的大小，麵條的多寡，斟酌從何處下手切割，以及如何調醬搭配。

一旦下刀，吃的整個過程，從未中斷過，舌頭在嘴裡不斷攪動，有如猛龍翻江倒海，吃得津津有味，優游自在，無視四週之人，達渾然忘我之境。

接著下手的就是荷包蛋：蛋白在鐵板上已成硬脆，而蛋黃成半凝狀，金黃如月浮貼在上頭，極具誘惑力。他一刀刀的下，把蛋白塊塊削去。只留那片圓又圓的蛋黃躺在那兒，這是非常技術性而靈巧的工程。

他用湯匙小心翼翼，輕輕地由旁切入，慢慢振動著，將蛋黃抖入湯匙的懷裡，然後快捷地托起，「嘶」一聲就送入了口裡，只見喉頭上下聳動了幾下，整個蛋黃就這樣化解溜到肚子裡去了。

該吃完了吧？還沒！他提起刀子在鐵板上，把剩餘的湯汁及肉末刮成小堆，然後俯下身子，伸出舌頭一捲一舔，把盤子抹得乾乾淨淨。鐵盤在燈光下烏黑得發亮，整個吃的過程一氣呵成。

末了，他斯文地架好刀叉，緩緩地抬起頭來，露出滿足的微笑。

聯合報　八四、十一

我捏，他沒哭

幾天前，我在百貨公司買回了一對英製瓷雕飾品，新穎亮麗，精巧宜人，擺設家中滿討人歡喜的。

隔天，小男孩有了新發現，一時好奇，從櫥櫃拿下飾品把玩，一不小心摔落地面，碎成數片；心愛飾物落此下場，我頓時火冒三丈，不由分說，就順手捏一下他的面頰。

這時我氣憤難平，孩子卻靜靜佇立受罰，淡紅指印在他臉上微微浮現，他沒號啕大哭，沒遽然驚嚇，也沒有絲毫埋怨，卻用帶著純靜溫柔的眼神望著我；當時我一陣錯愕，孩子答應不再碰觸飾品，我才回神過來，但我內心卻起了莫大的震撼。

暴力總在憤怒中趁機而入，然而孩子的良善溫柔，卻是一股強大的力量，將我心中怒氣化爲無形。這事過後，孩子依然像往常一樣活蹦亂跳，高興地和你親近，受罰之事早已淡忘，陪他玩跳棋時，看他拿著棋子跳躍跨出的喜悅，和那純真無邪的模樣，更加深了我的歉疚。

聯合報　九三、十、五

欣見小兒轉大人

國小五年級的孫姪冬冬可是天之驕子，平日爺爺奶奶百般疼愛，再加上三位姑姑處處護著他，事事替他設想，無形中養成了他的惰性。有時家人有事要他幫忙卻催不動，乾脆自個兒做，更助長了他的依賴和驕縱。

如何導正他？大家為此困擾不已。

最近舉家要遷入鄰近新房，大家才發現居家物品多得嚇人，於是同心協力忙碌起來，有的檢選綑綁，有的打包裝箱，有的敲打拆卸，個個汗如雨注，馬不停蹄，分工合作互相照應，此時此刻彼此之間的親情隱然密密牽繫著。

大家正忙碌之際，但見冬冬獨自在書櫃旁，拿著尼龍繩將書一疊疊小心綑綁著，滿額汗水，卻神情專注，一副認真模樣，偶而也會默默地將屋內牆角廢紙棄物，打掃成堆裝包成袋，好方便丟棄，尤其辛苦的是抱著小箱易脆精品，在樓梯間跑上跑下搬運著，有時不見人影，原來跟母親跑到新家去幫忙打掃、拖地、沖洗，雖全身打溼，也不爲意。母親看在眼裡，內心歡喜，卻也痛惜：「先休息一下吧！別累壞了！」「累了我會休息的，別擔心！」頭也沒抬繼續拖著地，一夕之間彷彿變成大人似的。近中午時分，他自願當跑腿買便當，未進門就先聽到喊聲：「便當來了！」大家餓昏頭的狀況下，真是又興奮又感激。

在新家第一次團圓用餐時，大姑說，這次搬家，雖辛苦，但不曾這麼快樂過，家人難得爲同一件事合力付出，圓滿完成。但更令人高興的是，冬冬隨著這回搬家的過程中有了異樣的感受和轉變。當大家舉杯同歡之際，每個人內心都感受到冬冬那份成長的喜悅。

中國時報　九五、九、二五

那顆熱饅頭

從小我對抄寫課業興趣缺缺，心裡只想早點趕完了事，好到外頭野去，但隔天呈上去的作業，不是錯字連篇缺行漏字，就是字跡潦草滑出格外，任課女老師見著無不怒火中燒，七孔生煙。而我留堂罰寫更是常事，如此散漫成性，父母憂心，老師煩心，我卻依然過著逍遙快樂的日子。

有天午休前，或許氣候燥熱，同學在教室嬉戲玩耍鬧成一團，遽然一個推擠，我重心不穩，把老師桌上心愛的花盆掃落在地，碎成片片，纖嫩枝幹攔腰折斷，原本留堂罰寫，現在罪加一等。

這次留堂不同以往，老師要我寫張悔過書，但見教室空蕩無人，獨自留下，不同心情卻有了不同感受，望著窗前夕陽餘暉，心中第一次不自覺問自己：「常被留堂，這樣好嗎？」

悔過書中後悔自己重複犯錯，詳細內容至今已不太記起，但當時卻專注地一筆一劃書寫著。悔過書寫了一半，老師悄悄地來到了桌前，看到我認真工整地書寫，臉上漾著璀璨的笑容，且順手將懷中熱騰騰的饅頭遞到我眼前：「肚子餓了吧！趁熱吃！」老師因從校舍過來卸了妝，著一身便服，輕輕坐到我身旁位置，此時此刻在我眼裡，老師不再是平日嚴厲的老師，倒像是我母親，她慈祥地看著我，緩緩說著：「很多事情別盡想著你不能，也許是不肯去做呢？你悔過書寫一半就夠了，從你端整的字體就知道你有心改過了。」離校時老師一再叮嚀我早點回家。

在回家的路上，老師寬厚的話語，猶如摟抱懷中的饅頭還溫熱著，那寫了一半的悔過書讓我有了異樣的改變，當時好像有一股魔力在惕勵著我，美好的醒悟不自覺緩緩滲入了我生命的深層裡。

中國時報　九四、十、二三

等待的幸福

老郭離婚了，我們真替他高興。

那晚在他家，突然告訴我們這消息，我們不由得探身趨前，異口同聲：「你是怎麼辦到的，快說來聽聽！」大夥按捺不住那份期待，全身細胞都活絡起來。

錯誤的婚姻讓老郭分居二年多，女方家長是位代書，熟諳法律，對方又堅持不離婚，老郭煎熬的日子，就這樣一天捱過一天，蒼涼而無助。

滿五十從教職退下，他說今後不用顧著顏面，可徹底作個了結了。他一向文質彬彬，談吐優雅，雖多年前官司敗訴勞心傷財之外，我們想不出他有何解決方法。

老郭說他曾花了三晚時間，費心思考，模擬演練，直至全然滿意，方才安然入睡。

我大早挑出一件白色T恤，前後書寫著破碎的婚姻，無情的迫害且投訴無門諸如此類字眼，另白頭巾一條上寫著「抗議」兩個大字，鮮紅醒目。

當天十點左右來到妻子辦公大樓，先往盥洗間穿妥T恤，綁好頭巾，對著鏡子瞧了一眼，還不禁嚇一跳。這時不停對自己唸著：要鎮定，要鎮定，成敗在此一舉，自忖退了休，也不在乎上報，豁出去了。

妻子那部門，共三排桌子，員工十來位，之前來過，覺得心安多了。開門踏入一小步，將是我人生的一大步。全體抬頭注目揣測，哪來精神病患？我也注意到妻子，平日一副傲慢睥睨的神情，頓時變爲一臉驚恐，突如其來，不及回神，今晚夠她惡夢連床了。

經理走過來，不敢大意，禮貌性詢問：「先生有何貴幹？」我木然不語，伸手指向額頭兩個耀眼大字，再指T恤上妻子的名字，有幾位員工好奇前來觀看，有的看完文字一臉錯愕。

經理又說話了：「先生！請你回去私下解決。」我不理他，沿著桌間走廊，緩緩走著，經理礙於妻子顏面，請我入會客室商談，既然以禮相待，我就逗留片刻後，暫時收場，返家以觀後效。

當晚妻子來電口出惡言，對我痛罵一番，我掛上電話決定明天第二次出擊。

隔天，我再度在妻子的辦公室出現，依然緩步行走，無言抗議。我發現員工表情和昨天大有不同，除幾位受打擾略有不悅之外，其他職員樂得在旁觀看，這戲碼不是天天能上演的。但見妻子咬牙切齒，嘴唇不時翻動，似乎是三個字的，但沒發聲，以免降低身份。這次經理叫警衛請我出去，我故意掙扎了一番，還好沒有肢體衝突，但這次抗議奏效了。

她爲了保有這份工作，終於約定時間辦理離婚手續。手續辦完後，我連續幾晚興奮得無法入睡，甚至喜極而泣，猶如拿回了鑰匙，從水牢裡釋放出來，身心獲得大解脫。

昏黃燈光下，老郭的身影拉大倒映在牆上，他的勇氣愈發使我們不由肅然起敬。和老郭共事多年，聽完他的敘述，當晚我也輾轉反側無法成眠。

苦痛背後那股深邃沈寂的力量，多年不時地存在著，而等待的時刻雖是漫長，但希望的滋味是甜蜜的。每當我走過他的住所，總會想著他的幸福。

台灣新聞報　九三、七、二八

迷戀的日子

市郊有家不起眼的咖啡館，館內壁飾簡潔典雅，氣氛柔和寧靜，納京高磁性的嗓子緩緩唱出優美動聽的曲子，我喜歡下班後，在這兒靜靜地品嚐著濃郁清香的咖啡，更喜歡等待著她的出現。

我一向喜愛咖啡的味道，看著老闆研磨濾製而成的咖啡，飄來陣陣的芳香，香味經由嗅覺直沖腦門，全身細胞就不由自主地活絡起來。

那是個偶然的機會，有次下班因事繞了段路，不經意發現了這家咖啡館，彷彿有股魅力吸引著我，於是下班後回家前，就待在那兒舒坦地品嚐一杯濃純郁香的咖啡，這令我腦醒神提抖落一天的疲勞。店內顧客不多，總維持四五位，這段時間像似個慵懶清閒的午後。

第五天，當我踏入店門時有點訝異，我慣常坐的角落位置，卻已有位小姐坐著，我有點不情願，卻又笑自己小氣，我在她右後側找了個位置坐下，點了杯藍山咖啡。

我仔細打量著，她年約三十，短髮，著一襲露肩迷地裙，長得雖不亮麗耀眼，卻婉約宜人，像極了日劇裡成熟的女人。動作不疾不徐，優雅有禮，她輕聲向老闆添加了份慕斯蛋糕之後，小口啜著咖啡，輕輕翻閱著 fashion 雜誌，那專注的神情，使我留下深刻的印象。我在旁悄悄地坐著，有意無意地看著她，而內心卻不安分地攪動著，手上翻閱的報告文字，早已成了亂碼，我無法專心。約六點左右，她起身離開了，我也是要回家的時候。

往後五點一下班，我就驅車趕往那家咖啡館，她會準五時一刻出現。頭一兩天感到好奇，可是之後，卻變成了莫名的興奮和期待，有時我早到，有意替她留下那角落的位置，當門被推開發出叮噹的響聲，總會令我一陣心跳，有時我稍晚推門進來，一眼瞧見她已坐落在那位置上時，內心卻是另番異樣的感覺，一種心頭落定而歡悅的感覺。而每見著一次，她那神情和舉止總會在我內心漾著幽微的情愫。

記得有次她帶了本小說，我無意間瞧見了書名「口紅」，那是我喜愛的作者柳美里的書，我甚至連改編成的日劇也都看了三遍，如今從她眉目之間，可看出她內心的情緒正隨著劇情轉折起伏，劇中男女主角也在我腦海幕幕浮現，彷彿藉著這本書傳達了我倆人共同的感受，有股衝動想過去和她聊聊，彼此分享心中想法，那是多麼愉快的事呀！但我沒這麼做，我原本就是害羞的，我在旁依然靜靜地喝我的咖啡。

近半個月的日子飛逝而過，時光流轉總是那麼不經意，我一直沒跟旁人提及這事，這是我心中保有的秘密，尤其下班之前的期待，既急躁又亢奮。

但今天有事耽擱了半多個鐘頭，於是我加速驅車前往咖啡館，一到達便急切推門入內，氣都還喘著，但一眼望去，那角落的座位卻是空著。

台灣新聞報　九四、三

情逝今夜

雨水飄打窗前，成串滑落。

今夜她的心情格外零亂沈重，手指無意間觸摸到胸前即將脫落的鈕扣，單薄絲線繫著，搖搖欲墜。

多回沒原由的爭執，卻沒這次來得堅決執意而無可挽回，現心中依然迴盪著今早他離去的關門聲，俐落、乾脆。

她緩緩伸手，輕撫桌前剛從廢紙簍拾回的凱蒂貓，是去年情人節他送的禮物，猶記得他深情款款遞給她時，還感受到他懷抱過的溫度，渾身安穩舒坦。

分手，只因一時氣憤襲上心頭，當著他面，將送的凱蒂貓縱手丟棄，毫不手軟，雖事後可再拾回，但今晚卻懊惱心痛，心痛他們之間的那份感情可不像玩具，再也拾不回來了。

屋外滂沱大雨不停下著，過往多少濃情蜜意，多少牽掛思念，都像大雨般傾落街道，飛濺四散，任其流失無蹤，不再共聚，無法回頭，心中悲嘆隱然淹沒在雨聲中。

錐心之痛不斷在內心流竄著，她獨自靜靜地佇坐窗前，失神地撥弄著那顆鈕扣，不堪情緒的起伏，鈕扣無意中脫落在地，多年感情這次真的注定是散了。

更生日報　九六、一

蒙福的孩子

讀大班的小雄是個乖巧蒙福的孩子。

他喜歡週末下午跟著母親到教堂來當個小幫手，打理教堂的工作，小手握著偌大的掃帚不協調地努力將地面掃乾淨，一臉用心專注的模樣令人愛憐，尤其拿起椅套替椅背「穿衣服」，對他似乎有點難度，他卻依然耐心地不斷調整椅套開口位置，在緩慢的每個動作上，他不自覺地感受到事工上的喜悅，母子親情的互動在寧靜的教堂裡更顯溫馨。

有次我因事到教堂，他獨自坐在角落看著兒童版聖經故事，見著我進來一張童稚笑臉向我問好，我由衷歡喜，之後我注意到他正吃著母親給他的鳳梨酥，一手將鳳梨酥輕輕放入口中，另隻小手在下巴處接著散落的酥餅碎末，而舌頭卻不時在嘴唇邊舔抹，那般享受的神情，酥餅彷似人間美味，若碎末不留意掉落桌面，他會用指尖沾起，處理乾淨，此情此景看在眼裡，覺得他真是個乖巧懂事的孩子。

過段時間母親打理完後，卻見不著他的蹤影，於是喊了聲：「小雄！」瞬間，教堂外傳來了回應：「我在這裡！」人隨著回聲跑進了教堂，手還拿著鄰家的玩具來不及還呢！「我在這裡！」這不僅表示地點，同時也是小雄對長輩禮貌的回應和順從的基本態度。正如在舊約聖經裡，摩西領羊群行走何烈山時，聽聞上帝呼叫，他快速的回答：「我在這裡！」「我在這裡！」是學習蒙福的開始。

我看著隨小雄他背後閃進的光芒，看著他清澈順服眼神，頓時感受到主的恩典在他身上，而我內心也充滿異樣的喜悅。

更生日報　九六、一

阿婆掃地

每次路過多年舊家小巷，就會想起居家對面的阿婆。

當時一大早天剛亮，雙眼惺忪，窗外就隱約傳來沙沙的掃地聲，隨著腦海呈現一幕阿婆弓著背掃地的景象。

阿婆說年紀大了，睡不著，習慣早起，順便將巷子周遭打掃乾淨，也算是運動。兒子常勸她別掃了，膝蓋的風濕時受清晨風寒甚爲不妥。阿婆總會笑著對我們說：「你們別聽他的，沒那麼嚴重！」

阿婆年近八十了，還不服老，除了動作緩慢之外，精神倒是不錯，家裡節末零星之事，她都幫著做。

因此，我們每天清晨門一開啓就滿眼乾淨，彷彿美好的一天只需這樣一片地面，就能開始。

不過時間一久我們都過意不去，也多次好言相勸，她執意不聽，聲稱這是小事也已成了習慣，要我們不用操心。

每次清晨破曉時分，人在床上，靜靜聽著阿婆的掃地聲，顯得格外清晰。這聲音好像在耳邊悄悄鼓勵著我，要好好加油，內心不由升起絲絲的暖意。

自由時報　九四、一

按摩裡的幸福

「左邊一點，對！就那裡，唔，好舒服。」在她雙肩上，柔捏著，手刀沿著頸邊緩緩滑下，對著肩肌，輕微地反覆剁著，用微溫的掌心，慢慢熨服她頸肩的肌理。

平日我倆，瑣事纏身，各自忙碌，回得家來，總覺意興闌珊，少有言談，以往面對，總有共同話題，即使影歌星無聊韻事，也樂於八卦一番，多采的生活就在歡樂中度過。但多年後，工作上的壓力，不時讓神經緊繃，肌肉疲乏，生活猶如鐘擺成了慣性。

或興趣，或機緣，我無意間翻研推拿，我們嘗試共同演練，學了一招簡易頸肩部位按摩運動，於是和另一半約定，澡後相互按摩。簡單的動作，推揉、拍打、拿捏，不疾不徐，依人體的脈搏跳動，呼吸的快慢運作著。

因沐浴後，血液溫暢，不覺中，活絡了筋脈，鬆弛了肌肉，壓力隨著手刀的滑動，也得到紓解而全身舒暢，連帶揮去了一天的疲憊。在按摩的同時，我們歡悅的閒談著，好久沒有這段共同時光了，這時聊及工作上的難處，或同事的趣聞，彼此分享，論及經濟的蕭條，電影的意涵，也給予批判。無形中，思緒的敏銳，情感的交流，隨著指尖的拿捏，掌腕的推揉以及力道的輕重，在在傳遞著那幽微的訊息。這來回的動作，不但腦醒神提，健康了身子，也拉近了我們彼此間的距離。溫溫的濃情蜜意醞盪心底，不由緩緩浮現出幸福的感覺。

台灣時報　九三、六、十六

品嚐著你們的好

下班返家，門前欄杆懸掛一小袋木瓜，這情形每月總有兩三次，有時掛的是袋青翠帶泥的蔬菜，有時掛的是當令採下的水果。

是誰送的，不見得每回都知道，但每次進門前見了這禮，內心總會泛起絲絲的暖意。刀子在洗過的木瓜上，劃過剖開，鮮甜的肉質，在柔柔的燈光下，分外誘人，家人圍桌分食，也顯得格外開心，和諧氣氛溫暖了每個人的心。

享受的當兒，純真的孩子總會猜著：可能是李媽家拿來的，不對，可能是張媽家送的，聽說昨天回鄉下去了……這小巷子十來戶人家，在我們腦海裡猜想著，張張臉龐，輪著浮現，就這樣想著她們的好。

吃得高興之外，看到孩子體貼感恩的神情，我內心不由升起莫名的悸動，生活的學習，原來是那麼的奇妙，由衷謝謝，無論你們是誰，爲我送來溫馨而深意的禮物。

聯合報　九二、十二、一

香港兒時記趣

多年後，搭機重返香港，心情顯得格外複雜，也增添幾分期待，飛機在上空緩緩下降之際，難忘的童年往事不由在腦海中浮現。

六十年代的香港，在當時並不是很繁榮富有的地方，但是較早接受西方思想的衝擊；是富賈巨商，販夫走卒及清苦難胞匯集之所。

小時候，家居香港宵箕灣的山腳下，生活雖是清苦，但樂趣無窮。

我喜歡沒事跑到遠親開的一家早點排檔當小幫手。店裡主要賣的是豬紅粥（豬血粥）、河粉和油條。記得一大早趕工上班的人潮，一波波湧入店鋪；個個唏哩嘩啦熱鬧地吃著，人聲、碗匙聲、吆喝聲、吵雜聲不絕於耳；可是開工時間一到，人潮霎時退去，剩的是洗碗碟聲。

店鋪裡的豬紅粥，真可口，但沖豬血的過程不簡單，要沖得適當的時機，適當的水量，拿捏得剛好；煮出來的豬血，放在掌心嫩得晃個不停。腸粉更是滑溜溜，熱騰騰的，上頭灑點芝麻或淋點香油便清香四溢，令人垂涎欲滴。

有時趕著開工的夥伴們常打趣著說：「別吃太快，免得入了肚子還不覺得呢？」而這美食在當時對我們來講，不是常品嘗得到，至於啃油條的機會倒是大些。

中午過後，店鋪收攤，店裡工人把賣剩的油條擺在後廚房木櫃上頭，我會抬頭窺覬，心中竊喜，乘旁人忙著不留意時，搬個椅子爬上去，伸手摸索，指尖一碰觸到油條，內心興奮不已。拿到手的油條，香味撲鼻，趕快找個隱蔽的地方好好享受一番。油條因過時或隔夜，吃起來真夠勁，又韌又耐啃，那時我才五歲呢？真怕把牙齒都拉掉。

另件趣事是在村落每逢七夕夜晚，花燈處處，如螢火點點，煞是好看。偶見情侶成雙入對，漫步在樹叢間，而鞭炮聲此起彼落，熱鬧非凡。但最能抓住孩子們的心是等候午夜時分的來臨，那興奮的期待一直在心中醞釀激盪。

住家附近有位虔誠信佛的婆婆，平日獨居一人，吃齋唸佛，但每年七夕午夜，她會準時著一襲墨綠長衫在陽台上出現，在暗夜裡如菩薩般若隱若現，陽台下的孩子們，一見著她就雀躍不已。她微微抬起手來，掌中抓滿一毫錢的硬幣如天女散花般灑落在我們的頭上，痛得過癮，而打在身上那種刺激的感覺真好，連撒三次，孩子們在摸黑的夜裡，你推我擠，你搶我奪，激動得一身汗水，這別開生面的情景，大人看在眼裡，卻也笑在心裡，至於太暗漏撿的硬幣，那就看誰整晚不睡覺起個大早了。隔天獨處時，將錢全掏出攤開，每個硬幣閃爍耀眼，邊數邊笑，樂到極點。

事隔多年，偶向兄姊問起七夕婆婆撒錢的事，總是語焉不詳，至今原委依然是個謎，但我忘不了當時身懷大把零錢，讓我過了好一段逍遙快樂的日子。

香港淺水灣，當時是戲水露營的好地方。叔叔會在炎熱夏日，帶我們一群孩子到那兒打水翻浪。附近亦有紮營露宿的青年人。他們租船出海，就近打撈魚、蝦、蛤、蟹帶回岸邊，尋找塊岩石將它燒得火熱，然後將海鮮放在上頭，再加蓋帆布用沙封好；約十來分，掀開一陣清香霧氣，剛熟的海鮮殼，鮮紅鮮紅，讓你看了垂涎欲滴。剝好的蟹蝦沾上調好的佐料，真是說不出的佳肴美味，分食的滋味格外鮮甜，且袒胸露肘迎著海風，豈個爽字了得，這番別致的料理與豪情令我念念不忘。

出了赤鱲角機場，但見高樓林立，熙攘人潮，想必重回山城舊地，那般童年歡躍奔馳心情已是不再。世事如夢，猶如電光閃逝，體會之餘，難掩失落之感，趁公差之便走上一趟的念頭就此作罷，只好留待美好的回憶。

更生日報　九五、一二、一三

看工人蓋大樓去

班上有位學生家境富裕，而且純正善良熱心班務，真是個好孩子，但要他靜下心來聽課，就會不由自主地打瞌睡，無法專心學業，我私下多次給予輔導，卻未見起色，真讓我有點苦惱。

最近學校對面蓋起住家大樓，我每回路過工地，總會看見皮膚黝黑的工人，在烈日下汗流浹背爲著生活辛苦打拚，不禁令我感動。

某天學校午休時間，我靈機一動約了這位同學出來，師生兩人佇立校園圍牆邊，頂著攝氏三十三度高溫的大太陽，靜靜望向對面正興建的住宅大樓，但見工人猛揮榔頭釘裝板模，有的費力紮緊鋼架鐵條，更有的在高處扛著笨重建材不時來回走動著，呈現一幕生動的場景。

在炎熱高溫下，我倆汗如雨注，燠熱難耐，渾身猶似螞蟻啃蝕著，片刻後我慢慢從他專注的眼神中，看出他內心似乎有了異樣的感悟，工人的吃苦耐勞彷彿藉著炙熱的太陽，經由敏銳的肌膚緩緩滲入了他的內心裡，我不知道他領悟有多少，但我深信他感受到了，感受到生活的真實樣貌。

我拿出手帕讓他拭去臉上的汗水，笑著說：「我們回去吧！」待轉身離去之際，他卻也靦腆說聲：「謝謝！」，我聽了好高興，倆人內心似乎有了份落實的感覺。

更生日報　九四、十、二六

快樂的讀書會

閒來無事，一書在手，或坐、或臥、或躺，沈醉書香，其樂無窮。然終是管見，未能拓展視野，延伸觸角，深入各層面，多方探討。若能聆聽他人心中所感，集思廣益，必可深明書意。且吾閒暇閱覽書籍，費時不多，乃因瑣事纏身，惰性因循。久之，心有餘而力不足，則讀書樂漸行漸遠。倘若有股督促之力，推波助瀾，不亦快哉！

紛擾忙碌中，大家日日見面，但限於時間，少有言談。時有茫然相對，錯身而過，甚爲可惜。竊想如能相約，共聚一堂，研討讀物，各抒己見。形式不拘，自由言談，有說明、有表彰、有批判、有心得，論點不一，百花齊放。其情也融，其意也真。繁忙中偷得半日閒，身心均衡一下，不亦樂哉！

因之我和老吳鼓起勇氣組成「讀書會」，成員皆爲本校同仁，且按月擇期聚會，盼此讀書會猶如溪泉一道細水長流。

在此紛擾的社會，有個談心益智的聚會，洗滌塵封已久的枯竭心靈，豈不是件快樂美事？

更生日報　九六、八、十六

排扣情

幾天前，妻逛了趟百貨公司，特地挑了件夏季洋裝，淡藍配橘黃，款式新穎，亮麗醒目，散發出青春的氣息。

今早上班前，她穿上了這襲新裝，面露微笑來到我跟前，不發一語轉過身子示意我幫忙，但見一排暈黃淡彩的鈕扣，沿著背脊而下，我趨前一顆顆緩緩扣上，在鏡子裡看見她眉目之間洋溢著歡悅的神采，卻也不時在鏡子裡看著我。當我扣妥時，輕拍一下她肩膀，她回過身來，對著靦腆的我深情地道聲謝謝。

這時我突然佩服起這位服裝設計師的巧思美意和感情的細緻，彷彿藉著著裝、卸裝的一扣一解，讓肌膚的碰觸，傳遞彼此之間幽微的關懷情意。

我望向窗外，在蜿蜒的路上，妻輕盈地踏著單車，一襲洋衫迎風飄盪，顯得神采飛揚，迎向美好的一天。

我這時慢慢體會到，穿這套衣裳必得對方的協助，才襯托出它的美來，原先還稍嫌麻煩的念頭早已消失，臉上不自覺地露出會意的微笑，而幸福卻在心中迴盪著。

台灣新聞報　九四、六、十七

E世代黑色幽默

受騙上當，情況各異，樣式不同，有的甘心受騙，樂在其中；有的懊惱萬分，自責不已；有的身受重創，氣憤難平。而我受騙上當卻莫名所以，高興可不，生氣又嫌有失風度。

那天，是個晴朗的早晨，特地穿上老妹爲我挑選的時髦T恤，有朝氣，有活力，鏡前、鏡後，照出一身輕爽。

第一節上課鐘響，我滿懷喜悅，踏入教室，卻驚覺全班同學埋首書本，鴉雀無聲，一片寂靜。太反常了，我還想他們會爭著猜出我T恤的名牌款式呢？難不成，個個昨晚爲這回段考面壁思過，痛定思痛，來個奮發圖強？更奇的是，平日好動多話的同學，一臉懺悔模樣。這詭異的氣氛，不禁讓我肅然起敬，我也煞有其事，趁機勉勵一番，什麼「自省就是成熟的表現」，「事前充分準備是紓解課業壓力的良方」諸如此類用詞都出籠了。

十來分的精神講話，很滿意的結束。正翻書授課，無意間瞧見講台左下方的地面，有一小坨糞便，課前方才晨掃，同學怎麼可以不認真。教室怪味，影響上課，「今天值日生是誰？」先前，才打從心裡讚美一番，現在同學不負責任的態度，倒讓我些許的失望和不快。片刻等待，同學依然故我，毫無動靜，一時之間，好像我不存在似的。顧不了一身新潮貼身的T恤，更顧不了平日溫文儒雅的形象，「臭死了，全班竟然沒有同學來清掉嗎？」我動氣了，同學像木樁釘在座位上，屹立不移。

這下可真肚子一把火，一人獨自台上演戲，還自言自語，平生受此侮辱莫此爲甚，正待擺出班規家法，以固威嚴。班長遽然站立，悻悻然走向前來，彎下身子，表情木然：「我清了就是！」但見她一伸手，撈起、轉身、回座，動作乾淨俐落，一氣呵成。我一時錯愕，愣在一旁。其餘同學視若無睹，繼續看書，有位同學漫不經心，抛出一句：「我們上課吧！」我內心猶如打翻了調味料，五味雜陳，但仍氣憤在心。

這當頭，班長又站起來了，面帶靦腆的微笑，斯斯文文的，一手托起那坨糞便，如托起葡式蛋塔般，那麼優雅，「老師！這是假的！是橡膠製的道具。」話一出口，全班哄堂大笑，人仰馬翻。更有同學語帶同情：「我們不忍老師破壞形象，還是說了，不然，真不知道老師怎麼把課上下去喔！」曖昧看著我，接著得意地縱聲大笑，直跺腳。後面同學還傳來狂笑聲：「老師！我們早就彎不住了！」

課後，回到辦公室，整個人疲乏跌坐椅上，桌前日曆「四月一日」映入眼簾，像似在電腦滑鼠撥動下，逐漸擴大、鮮明，對著我微笑。

經過那回上當領教過後，我的幽默感卻無形中增進了半甲子功力。

台灣新聞報　九二、四

給M的一封信

電話上提到妳在感情上有些困擾，難過地抽泣著，我除了安慰之外，當時也不方便跟妳長談，寫封信給妳或許談起來較 easy 些吧！

妳知道，這陣子我喜歡畫畫，有時用心營造的畫作，無法保證每件成品結果都令人滿意，構圖、色度、水量、技巧都有關係，不如意的作品無關對錯，但高興自己用心過、求好過。

戀愛是雙方心靈的交流，言行的互動，是一種感覺，而這感覺有深有淺，各自領受不同，戀愛除了用心經營之外，若雙方之間缺少了那份感覺，戀愛還是處於不穩定狀態。

一個人有勇氣談戀愛都是了不起的，一旦戀愛，要認清楚「我就是這麼一個人」，我喜歡對方認同我而喜歡上我，而我也認同喜歡上了對方，真實的呈現而相互體諒。

由於雙方的家庭生活、信仰背景不同，人格特質也不同，甚至於對事物的處理方式也有所不同。所以交往中相互了解是需要時間的，思想和表現，理性和感性相互激盪著，若要完全融洽意合，不是那麼容易的。

感情的事是細水長流順乎自然，急迫不得，若對方要求較高，那可理解，可盡量改進配合，但要在自己的能力範圍內，而不失去「自我」。因為我就是「這樣的我」而不是去改變成另一個我。

對方喜歡上我的優點，但也希望對方能包容我的缺點。交往中有時會有意無意說出對方的缺點，的確，在戀愛中，雙方都會在乎對方的批評，只要言詞緩和，出於善意，這倒是提升雙方的助力。但也不要「太在乎」對方的批評而失去了自己的原則，而鬱鬱寡歡，終日恍惚，不知所以，這就不好了，畢竟自己的態度可能會影響到妳的生活作息。

但願你們在愛情的路上一路走來有美好的結局，這是雙方所盼望的，若戀愛中任何一方淡漠了那份愛戀的感覺，另一方必然是傷心難過的，終究是用心過，執著過，付出過。

有人說失戀的愛情像陣風，若是如此，那是幸福的，亦有人說失戀像出了陣水痘，那也是另類的幸福，因為傷痛的癒合只不過時間的快慢而已，但還是有癒合再出發的時候，彼此也別怨誰拋棄了誰。

當然，目前你們還沒到分手的地步吧！若彼此仍然有所依戀，何不讓雙方各自沈澱一下思緒，整理一下這份感情，再決定是否繼續走下去。

妳一直是個開朗、體貼、上進的好女孩，希望保有自己的優點的同時，也同樣能接納自己的缺點，做個自信的女孩，有句話雖然俗了一點，但我還是滿喜歡：「加油，要幸福喔！」

台灣新聞報　九三、十二、十一

一通電話

已是深夜十一點了，我正獨自欣賞日片「菊次郎的夏天」，片中描述父母離異，由奶奶扶養的男孩正男。暑假期間，僅憑舊址由菊次郎叔叔陪同，千里迢迢尋找生母，找著卻不敢去相認的故事。

這時突然電話響起。

「……老師麻煩您，找時間跟我兒子聊聊，趁機開導他，請他打個電話給我。」是我剛高中畢業單親學生的家長來電，提及他兒子不接父親電話，而向我求助。霎時，片中情節及現實情境，一時交錯浮現，難過之情，久久無法釋懷。

目前學生監護權歸屬母親，而母親遠在他鄉謀生，按時寄上生活費，學生卻租屋獨處，生活起居自行打理。因與母親連絡不易，常令我費心擔憂。

學生父親在電話中，語帶沙啞，緩緩述說著。他多年來，每回滿心歡喜，打電話給兒子聊天或邀約出來走走，兒子不是回絕，就是談沒幾句就掛了電話。次次嘗試，總是帶來歡悅期盼後的失落。有時兒子無心的話語，猶如刀割般，午夜夢迴，還餘痛心頭。

我不禁想起，希臘神話裡的薛西佛斯（Sisyphus），他每次將巨石推上山頂，巨石又再度落下，週而復始。巨石落下，就有機會再次嘗試，人生中似乎有了機會就有了希望。

電話中，他說這些年一直沒放棄與兒子溝通連繫。

兩年前有天下午，難得約兒子出來共進晚餐，那是段愉快的時光，端詳兒子模樣，愈來愈像自己，動作神情略帶幾分倔強。臨別回程，兒子堅持搭公車，拒絕父親載送，會面中，兒子只回答是與不是，少有言談，但為人父的已是心滿意足了。

上個月畢業典禮，兒子執意不要他去參加觀禮，他打聽日期，驅車前往，途中洋溢著兒子長大的喜悅。但行不多時，閃現個念頭，若不巧兒子瞧見壞了他的情緒呢？思緒幾番起伏，折騰，為了尊重兒子的堅持，只好掉頭折返。

就在昨天，情況惡化，電話中，他原本是關心兒子聯考落點的學校，談沒幾句，雙方言詞起了爭執，兒子不滿母親被遺棄，父親爭辯原委，但在氣頭上，沒了交集，於是激烈衝突下，兒子竟然不認他，告訴他，往後別來電話打擾。剎那間，當父親的，內心極為沈重，如陷入谷底，無限滄涼。

沈痛敘述後，我輕輕放下電話，「總該認祖歸宗吧！」那話中的無助，在我腦海盤旋，久久方才入眠。

這事我掛念著，而「菊」片中正男的心願，似由我來完成。

隔日近中午時分，才和學生連絡上。平日在校，他是位沈默聽話的好孩子，現卻也讓我費盡口舌。末了，他答應我會和他父親通電話，雖百般勉強，我內心卻雀躍不已。這孩子作了承諾，就去做，我一直喜歡他這點。

兩天後，學生父親打電話過來，電話中，激動地告訴我，他兒子「來電」了，一再謝我，還說兒子答應出來見他，屆時他要買部電腦，給他兒子一個驚喜。

最後「謝謝老師」這句話，又讓我當晚幾乎難以成眠，似乎感染其父子的親情，那股暖流，在我血液裡四處流竄。

之後，一直沒再和這對父子連繫過，是否仍瞞著母親與父親會面，也無從得知。雖是經由我從旁協助，使其父子間，生活有了重大改變，但重要的是，在我生活中，內心深處，也起了莫大的變化，感謝他們給予我異樣的喜悅與體會。

台灣時報　八九、八

記得花蓮童年的那首歌

闊別三十多年的花蓮，那純樸迷人的鄉野風光，近來不時在腦海縈繞，喚起縷縷鄉愁。

日前興致來潮，特挑連續假日，夥同好友，驅車直上花東縱谷。一路行來，人煙稀少，窗外遠山含翠，遍地金花綠野，但覺和風送爽，心曠神怡。花蓮兒時記趣和享受大自然洗禮的歡悅，彷似路旁排排檳榔樹，時時交錯映入眼簾，而沈入了童年的回憶。

河畔垂釣水中逍遙

離花蓮市十五分鐘車程的中華派出所，往昔，三面環繞著稻田，呈現一片田野風光，前面橫躺著一條小河。因河床是泥濘地，水不是很清澈。我喜歡到上游去，那兒有濃密的水草澤地。拿著自製的釣桿，用魚鉤鉤住一隻小青蛙，釣鱔魚去。

午時，太陽正烈，我像往常一樣，在水澤邊上下搖動著釣桿，青蛙在水面上蹦跳著，突然一尾鱔魚從爛泥中伸出頭來，如龍蛇出洞；冷不防張口就將青蛙死穩地咬住，縮回泥中，這時我那肯放過，猛力一拉，「刷」一聲，整條鱔魚由污泥中「脫穎而出」，拋向空中，長達六尺，相當壯觀地落入懷裡，真是令人興奮，高興得又跑又跳又叫地帶回家。

我也頂喜歡夜晚去釣「田雞」，它那「呱呱」的叫聲，就愈發使我想著它那清燉嫩肉的鮮甜味。在月光下，聽著蛙叫聲發出不同的旋律，晚風拂面吹來，不時飄盪著絲縷霧氣，在時間空間，我河旁垂釣，竟溶入了「聲」「色」裡。

每回在放學的路上，總經過一座清澈小水閘，水緩緩地流著。特別在炎熱的下午，會禁不住水波盪漾的誘惑；在河邊草地上，拋下書包，脫光衣服，噗通一聲，整個人沒入了水中，從頭到腳，涼透一身的暑熱。

偶而其他小朋友也來作伴，因水深僅及頸部且水是流動性的，異常清潔。讓你潛水、打水、翻滾，自由自在，歡樂無窮；學校惱人的功課早就拋到九霄雲外。而黃昏時分，金盤似的大火輪，彷彿就在你眼前，那麼靠近，又那麼遙遠。游罷，就在河邊晾乾身子，穿上衣服掛上書包，悠哉地回家去，像似洗盡一天的辛勞，清爽無比。

海上奇景綺麗沙灘

之後，搬往北濱街的住家，是日據時代木製的簡陋平房，因濱鄰太平洋，濕氣重，且颱風頻繁；所以家家戶戶都有防風板設備。雖附近沿海有很高的防波堤，但強風一來，勢不可擋。只見風起雲湧，天昏地暗，霎那間，如廢棄的城鎮，行人絕跡。夜晚雷雨交加，鬼哭神號，房子搖幌聲「伊啞」作響。同時，屋頂漏雨，家人用臉盆、漱口杯接水，發出叮噹聲。當時小孩子們是又害怕又興奮。害怕是斷電一片漆黑，興奮是在床上打枕頭仗，也樂得明天不必上學。

颱風過後，學著別人模樣爬到海邊防波堤，看颱風過後的海上奇景。平時風平浪靜的沙灘已不復見，只見遠方，海浪如條條巨大的石柱橫躺著滾滾而來。近得堤岸，因沙灘隆起，浪頭受阻，猛然掀起，撞向堤防；隨堤防而上，泛起霧狀水滴，灑得你一身濕淋淋的。那壯觀的場面，如蘇東坡詞句中的「驚濤裂岸，捲起千堆雪」可比擬。

不遠處有座白色燈塔，浪頭打在塔上，如水龍般貼塔而上，化作團團水霧是另一奇觀。三天後，浪平潮退又是一片風光綺麗的沙灘。

花蓮海灘，讓我懷念特別多，在那兒編織無數的夢。有時獨自一人，躺在沙灘上，面對平靜柔和的茫茫大海，想著自己是帶劍的少年，帶把北斗七星劍走江湖；想著像孫悟空，騰雲駕霧，遨遊四海；更想著吃下仙丹就能把「海峽的水靜靜地流」這課背完。

偶爾也凝望藍天，天上的雲朵變化多端，水連天，天連水，讓你幻想著海的另一邊是個捉摸不定的世界。躺累了，我就在沙灘上奔跳著，戲弄那層層浪花，浪潮羞怯地後退，猶似讓後浪前來擁抱，是那麼週而復始，綿綿不息。我加入浪潮中，令我興奮不已。

那段日子是踢著石子，吹著口哨上學的日子，也是段青澀而難以忘懷的童年往事。

更生日報　九二、六、十九

掃完墓擺龍門陣

兄弟姊妹每年兩次團聚，一次過農曆年，另一次就是清明時節。爲了避開人潮車潮，家人總會選在清明節前一個禮拜日的早上，屆時南北各路人馬陸續趕來掃墓，追思祭拜父母。祭拜過後，習慣由大姊作東，找家餐廳相聚話家常，訴說現今和過往。

當話匣子一開，你來我往，好不熱鬧。談及現今時局，個個感慨良多，嘆爲知識分子大有欲振乏力之感，但追憶父母生前過往和大家童年趣事，無不興致勃勃，神采飛揚。從前點點滴滴浮現眼前，彷如昨日，在早春陰雨時節，帶來絲絲溫馨暖意。

我忘不了母親帶我上菜市場，那段快樂逍遙的日子；兒子說不時憶起榕樹下，和爺爺楚河漢界上的對殺；大弟則特別懷念小時候一大清早，母親準備便當的鍋炒聲和煎蛋味……進而慢慢談到彼此間的趣聞糗事，大家樂得一再洩底，彷彿保留對方秘密是件罪過，於是聲浪隨著不同話題而高潮迭起。

席開兩桌，相聚一堂，歡樂融融，共同的時光，共同的回憶，親情交融，隱然在兄弟姊妹心中，密密牽引著，原來清明的歡宴是一席愛宴。大家想著父母生前的關愛呵護，想著兄弟姊妹濃郁的手足之情，想著大家的好。

於是掃墓相聚之際，藉著共同的思念和追憶，舉杯祝福彼此「日日有平安，天天有喜樂」！

聯合報　九五、四、五

把她的過去送給她

過些天就是女兒廿五歲的生日，正想著買件什麼樣的禮物好呢？

思索間不經意打開書櫃，在角落邊飾物旁，躺著一卷卡式錄音帶，平日視而不見，已遺落那兒很久了，心中卻漾著似曾相識的感覺。

我迫不及待放入錄音機內播放，即刻傳出女兒小時輕柔的朗誦聲：「君問歸期未有期，巴山夜雨漲秋池——秋池——秋池——媽！再來呢？」「何當共剪西窗燭，」妻語帶鼓勵接了下句，「卻話巴山夜雨時」女兒興奮地將詩背完。

這稚嫩甜美的孩童聲，一時讓時光倒流，我想起她當時天真的笑臉，背完詩詞的成就感，以及她依偎在母親懷裡撒嬌的情景，彷如昨日，連帶感受到了母女倆貼心幸福的溫度。

錄音帶還陸續錄著母女倆人的對話，不時傳出甜蜜的嬉笑聲，一搭一和，歡樂融融，而且小女學來的兒歌，雖是五音不全，卻也認真一首一首地唱著，其間也插錄女兒在音樂班初學的鋼琴彈奏曲，以及和隔壁孩子玩耍的打鬧聲。

隨著錄音帶的播放，女兒往後的不斷成長的歷程，在我腦海中一幕幕浮現；猶記每星期和妻牽著她的小手趕火車上音樂班，當時看著她專注彈琴的可愛模樣，令人愛憐疼惜；偶而家中零星瑣事，她不甘寂寞還會參一腳當個小幫手呢？

雖是短短一小時的記錄，卻蘊含著思不盡的美好回憶，我想在她生日那天藉著這卷錄音帶傳遞我和妻對她的關愛和期待。

於是心中有了決定，我滿懷欣喜到書店選張漂亮的包裝紙，將這珍貴的錄音帶包好，想給她一個驚喜。

好期待看到她拆禮物時的表情。

聯合報　九五、九、二六

153　把她的過去送給她

巧思美意的禮物

新居落成，教會眾弟兄姊妹來我家做家庭禮拜，且送了件壁飾禮物，以表祝賀之意。壁飾不大，懸掛客廳正前方，精巧可愛，框內浮貼飾物，有貝殼、有細沙、有海草、有海星，搭配新穎，賞心悅目，底下橫列「凡事謝恩」四字。

欣賞之餘，發現這些都是大自然的東西，意味著上帝創造宇宙萬物，不單是貝殼、細沙、海草和海星，更有陽光、空氣、五穀及數不盡的萬物，好使我們日常生活不虞匱乏。因之，生活中，應當時時記取：凡事謝恩。這壁飾不禁讓我佩服創意人的巧思了。

隔天晨起，佇立壁飾前，再度回味它的巧思美意，卻發現晨光灑落窗前，以致壁飾框內玻璃產生反光，「凡事謝恩」四字無法清晰呈現，我不由自主趨向前去，才能把字看得清楚。

於是我每回爲了把字看清楚，我就再次趨向前去，日復一日。

有天，我頓然覺悟，難道上帝有意以這種方式時刻提醒我凡事謝恩？心中霎時豁然開朗。原來美妙的事總是這樣發生的。

在這世上，我們獲得的遠超過我們預期多多。若無謝恩的心，而偏離了，遠了，就如壁飾的四個字，距離拉大，一時就見不著了。

就這樣，當我每天拉開窗簾，那廳前壁飾，鮮明懸掛那兒，彷彿和我有了份感情，牽引著我就近它，漸漸成爲我心中喜悅的美事。

台灣新聞報　九三、七、三十

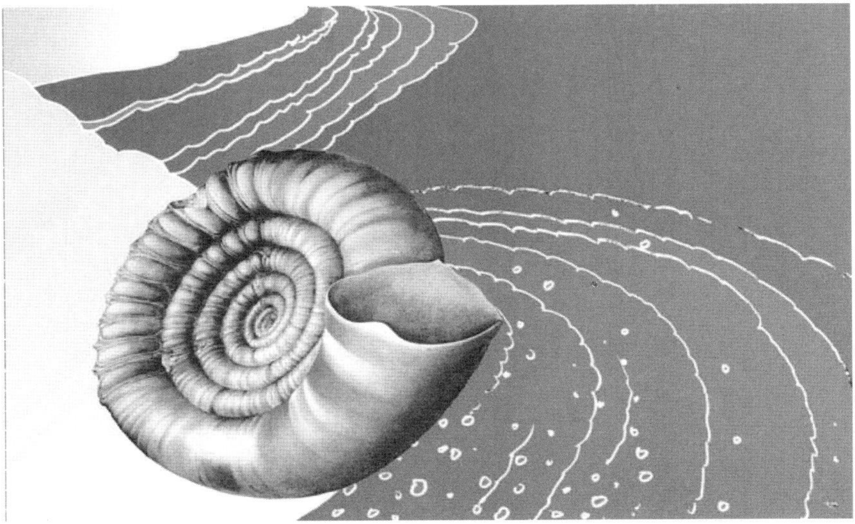

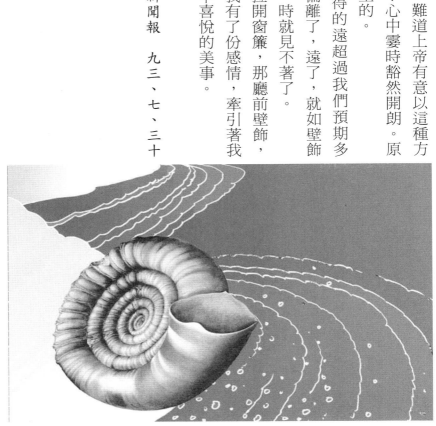

用心做，歡喜受

居家一樓，我騰出了一間空房，想裝潢成和室，經人介紹認識了張師傅。和他談妥價款後，我預估四天可完工，也就沒限定他工作天數。

張師傅和助手兩人，終日細心丈量切割，認真鉋光裝訂，不疾不徐，材質經一番修飾後，還不斷用手輕輕地撫摸，用心去感覺造型的滑度和準度，甚至牆角邊，細微處，他依然費心琢磨。

工程進行到第四天，我催促著：「今天可以完工嗎？」他笑著說：「快了！」

第六天裝潢結束的下午，我和張師傅邊喝可樂邊閒聊著，我感謝之外，好奇地問：「張師傅您一向這般慢工細活而超出天數，不會虧損嗎？」

他略帶靦腆說他自己只是國中畢業，沒讀多少書，他父親留給他的裝潢的手藝，要他好好珍惜。

「所以，我每接手一件工程，我一定要像做自家的裝潢一樣，用心做到最好，顧客滿意，我也覺得快樂，這樣辛勞工作，也就不覺得是件負擔了。虧損倒不，少賺點就是了。」

我從他那憨厚的臉上，讀出他的幸福，他父親給了他一份寶貴的遺產--那就是美好的傳統，他是那麼爲自己的工作而感到自豪。

當晚，我獨自一人佇立在和室，細細看著嶄新的裝潢，不禁伸手撫摸著，亮麗的木質宛如映著張師傅他那真誠的微笑。

聯合報　九三、十、三

智慧地數算日子

孫伯伯退休後，在醫院當志工已有年餘，最近另有安排拜師學畫去了。

每回巷中相遇，總會彼此寒暄問安，但見他面帶微笑，依然顯得精神抖擻，神采奕奕。

時光流轉總是不經意，而稍縱即逝，如何在短暫的人生過得飽滿、喜樂，那就要好好妥善計畫今年的日子，一旦心中有了期許，就會認真努力完成。

願望不需太偉大或太複雜，譬如今年學會電腦文書處理，或參與有益的社工活動，或每天固定時間聽空中英語，背些常用單字，甚或限定看完幾本中文書及英文書等等。只要是有益處的計畫，縱是卑微亦是令人喜悅可觀之處。

每回參訪孫伯伯畫室，看著他作畫時專注的神情，著實令我感動。我沒看到他的畫作，卻已在他臉上看出光彩，我不由想起聖經詩篇裡的章節：「求你指教我們數算自己的日子，好叫我們得著智慧的心。」

如果我們每天都能有智慧地善用有限的日子，讓自己和別人都能得著益處，那恆久慈愛的上帝自然在我們有限生命中加添了美好的福份，那我們數算生命的日子就更有價值了。

隨著新的一年到來，你我心中必然有個美好的期盼和願景，心中想著怎樣將日子過得光彩亮麗，而不至於讓有限的日子虛度蹉跎，於是有了新願望的期待，我們生活自然也顯得落實而聰慧了。

更生日報　九五、三、二

放下鞭子

平時考，有位學生鬧情緒，趴在桌上睡覺，我好言相勸，他卻蠻橫無禮，出言不遜，我不由火冒三丈。

課後借了藤條，伴著上課鐘響邁向教室，沒走幾步，我又回頭將藤條放回，莫名的情緒湧上心頭，我真的打不下去。

記得那是我念國小六年級的往事了。

因父親工作關係，由東部調職到南部來，而我就讀的學校，惡補情形真令我心驚膽顫。每天一大早就背著沈重的書包，踏著朦朧的晨霧上學，抬頭望向天空，還是一片疏星殘月。

大清早到校立即考試，之後同學間試卷交換批改，分數未盡理想的同學，則安排輪流到講台前，報出受罰的總數。被罰的學生帶著幾分驚恐，幾分無奈。

如用棍子，就打手指頭；若用藤條，鐵定打屁股。尤其屁股被藤條鞭打，一時發麻沒甚感覺。扶著屁股回到座位，才開始麻辣刺痛，臉上表情，真像打翻了的廣告顏料，一塌糊塗。

我沒一次倖免，導師面露兇光：「五道雞兔問題，沒有一題算對，你是怎麼學的？過來！」當時我搞不懂，爲什麼雞兔同籠？還要算它幾個頭，幾隻腳，真讓我昏頭轉向，恨不得學會乾坤大挪移。

白天就在打罵中度過，而晚上老師還不放過；分配一大堆習題回家做。有一晚，做流水問題，我絞盡腦汁，埋頭演算至深夜十一點，才大功告成，懷著滿意的心情，安然入睡。隔天到校習題檢討，結果發現，沒有一題是對的。當天除遭老師責打同學嘲諷之外，且被罰站教室門後好作反省。

從那刻起，我對自己發誓，有天我當老師，絕不體罰學生，我不想學生走我從前走過的路。

某天夜晚，母親叫我到她身邊，面帶慈祥語重心長地說：「孩子！千萬別認爲你不能，我對你有信心，記得走自己的路，就別管旁人怎說吧！」母親的寬容與關愛，讓我有了重新出發的勇氣，也讓我往後一路走來懷有自尊的喜悅。

我想學生行爲偶有偏差，一定有他的理由，那天放學後，經一番勸導和對話，他終於說出了原委。原來昨晚父母有事，他到水果攤幫忙招呼顧客，收攤打理已是午夜，因之隔天上課睏倦無神，趴著就睡著了。

放學後單獨約談，從他蹣跚的步伐和矇矓無奈的眼神中，彷彿看到自己以往的影子，經輔導過後，他上課聽講顯得較開朗而專注了。

能把話聽進去而自省的孩子，會成長得更快，我不禁心中有了溫馨的喜悅，也感謝他讓我在教職生涯中，有了自我重新檢視的機會。過去我學習上所欠缺的，我一定雙倍補回在孩子身上。

回家途中，路旁學生熱絡地打著招呼，原來放下藤條同時也卸下心中忿怒的負擔，內心不自主緩緩滲入絲絲暖意，踏起單車來也輕盈多了。

台灣新聞報　九三、六、二七

羅西特太太的感恩節禮物

大哥在感恩節前，提早回台探親，相聚時聊起老人問題，不由想起去年他在美國過感恩節時的一則故事。

多年前，我初來聖荷西暫居小鎮郊區，住家斜對面，住著一位叫羅西特的老婦人，平日一人打理家務，先生已過逝，而獨生女遠嫁他州，每逢感恩節就會回來探老人家，隔天則匆促離去。女兒回來的日子，老人家總顯得容光煥發，神采奕奕，換了個人似的充滿了生氣。

近兩年的感恩節，不曾見著她女兒的到來，羅西特太太總對街坊鄰居說女兒一時忙碌無法分身前來探望，但從她神情的落寞，看出她心中的孤寂和失望，失去了活力的容顏，一年比一年蒼老，彷彿伸手抓不住支撐的力量。

去年的感恩節再兩天就來臨了，也恰好是她滿八十歲的生日，羅西特太太刻意打扮了一下，提著菜籃走趟市場，爲節慶作準備。女兒雖說不確定是否會來，但羅西特太太卻滿懷希望，而等待的幸福早寫在她臉上，但我們看在眼裡，心中不由浮現絲絲隱憂。心想若是她女兒因故無法到來，何不請羅西特太太到我們家一起過感恩節，至少可彌補她心裡的遺憾，我和妻都沒說出來，但在交會的眼神中，我們作了決定。

感恩節當天早上，我們透過拉開的窗簾隱約見著她忙碌地走動著，似乎感受到她內心的活力和歡悅。

近午後時分，郵差突然出現在她家門前，遞了封信件給她就離去，這時一抹斜陽灑落在她臉上，顯得暈紅有精神，從遠處看她的輪廓，不難想像她年輕時必定是位美女。繫在身上的圍裙，繡著一朵向日葵，猶如張口璀璨地笑著。

華燈初上已是家人團聚用餐的時候了，隔窗望去，羅西特太太家裡依然毫無動靜。我們心中有些難過，我和妻前往邀約她來我們家一起用餐，但她婉謝了，嘴角隱然含帶苦楚的淺笑，意味著又是一年希望的落空，瞧著她轉身的背影，更顯得孤獨脆弱，寬敞的屋子少了人氣，也顯得陰涼。

隔天一大早，晨曦微露，對面就傳來救護車和警車的警笛聲，我好奇披衣快速走出家門看個究竟，羅西特太太家門口已聚集三五位鄰人正交頭接耳談論著，有的說她原本身體就不好，久病厭世自殺了，另有人說死時整個身子癱在椅上，地面除了藥丸外，還有張支票的碎片散落一處。

我拉緊衣領，依然感受晨風陣陣的涼意。踏著沈重的步伐走回屋內，心中不由漾著異樣的感覺，四處起伏流竄，久久無法散去。

更生日報　九七、二、二八

父親的榮耀

前些日子，整理父親生前遺物，無意中翻閱到父親記載有關軍旅轉戰的文稿，整個經歷過程是按年序追憶記述，甚爲詳細。尤其手繪戰略地形，及謀略計劃，所標記時間、地點精確明瞭，雖年月久遠，父親卻記憶猶新，彷如昨日。

父親早年從軍報國，從抗日到剿匪不曾中斷，南征北伐，參與戰役無數，做子女的一直不曾聽父親談過他的戰史。文稿中有段提及，若軍中戰友在沙場上負傷遣返，待療傷痊癒後，再被派往下一戰場，繼續奮戰，有些戰友慶幸戰勝歸來，但下次戰役結束後，卻再也不見著他們的身影了。輕描淡寫，卻令我動容。至於征戰各處，翻山越嶺，長途跋涉，而飢寒交迫難以成眠，自不在話下。

閱畢父親文稿，我腦海裡浮現一段記錄片，記述諾曼地登陸前，有位戰地記者訪問即將赴戰場的美國大兵：「你目前心情如何？」大兵淡然回應：「我若慶幸活著回來，但會再度派往另一戰場。」我再次翻閱手中捧著的父親遺稿，不禁讓我悚然心驚。父親僅是對日抗戰就有：王錢宅之役、馬鹿鎮之役、徐公之役、湯水之役、南京突圍之役……共十七次戰役。而戡亂剿匪有：北山之役、南山之役、上龍之役、赤水之役……共十三次戰役。烽火連天，橫屍遍野的場景，彷彿影片呈現，歷歷在目。

在槍林彈雨中活著回來，意味著再投入下一戰場，直到戰死沙場爲止。戰爭何其殘酷，不曾經歷戰爭的我難以想像父親一而再，再而三地投入戰場，當時是懷著何等心情呢？

我輕輕將手稿合起，內心驚恐的情緒卻經幾翻起伏轉折，萬般沈重。待緩緩平息後，卻有了異樣的感覺。深知父親百戰沙場而存活下來，真是上帝的恩典。心中不只是滿懷感恩的喜悅和驕傲，且更加對父親的尊敬和久久的思念。

更生日報　九六年九月六日

別給友誼留下缺憾

剛面談勸妥了班上兩位舊日好友爭執的事情，不由想起小六時的類似情景。

我和阿強臭味相投，課餘常結伴上山打鳥，或往河床戲水，甚或分享從小火車上抽取來的紅甘蔗，我們天天過著逍遙快樂的日子。

平日我酷愛集郵，也興趣雕刻，只是遺憾缺一把好的雕刻刀。奏巧當時家開五金行的阿強，看上我的一套四色捷克足球隊員的郵票，我提議由他家中拿盒雕刻刀來跟我交換，他面有難色，事後我也捨不得割愛這套稀有的郵票而作罷。

有一回城市來了一位新同學，家境富裕且勤奮好學，因出於好奇和關心，我很快就和他熱絡起來了，常一起有說有笑。大夥嬉戲間我會不經意地偏袒新同學而惹阿強不高興，我也沒體會出他被朋友輕忽的心情。有次抄寫作業不小心阿強將我新買的橡皮擦弄斷了，他雖說了聲道歉，我卻語帶輕浮且莫名的生氣，他直覺認爲，多年朋友怎可這般小氣，於是爆發了口角。接著你來我往，互不示弱，甚至吵到教室旁樹叢邊幹了一架，直到雙方鼻青臉腫，方才罷休。

當晚躺在床上，思緒一片混亂，不知怎的內心覺得陣陣難過，或許小小年紀不知道什麼叫得意忘形，更不懂何謂喜新厭舊，只覺愧疚難安，心頭百般沈重，那晚是我第一次經歷了失眠。

隔天進得教室發現阿強早在座位上自習，我悄悄來到他的身邊，遞給他一個小玻璃紙袋，內裝一套四色捷克足球隊員的郵票，他紅著眼眶笑了，滿懷感激和被諒解的喜悅寫在臉上，我反倒是羞怯地快速離開。

歡悅的心情不斷在心中流竄，課堂上老師的話語卻早化作雲彩片片，飄到九霄雲外，正當思緒起伏之際，手卻無意間在抽屜裡觸碰到一個硬盒子，一陣錯愕，快速拿出，一看竟是一盒心愛的雕刻刀，我轉頭望著阿強，看著看著，視線卻越來越模糊了。

多年後，每當雕刻運刀之時，就會一面想起阿強一面提醒自己，友誼的呵護猶如雕刻的執著，本身是件美事，但得小心翼翼，不要無意間留下了難以挽回的缺憾。

更生日報　九六年四月二二日

有人在旁感覺眞好

鐘聲響起，我趕往教室上課時，總會在校園內遇著一位六十開外的老人，迎面對我微笑，一臉忠厚慈祥。之後才知道已當爺爺的他，每天接送行動不便的孫子上下學，且鎮日在樟樹下等候，好隨時照應行動不便的孫子，我不由得對他肅然起敬。

時日一久，他的出現我漸漸習慣了，有時見著他在樹下獨自一人，頗感寂寞，腦中偶爾也會閃現和他閒話家常的念頭，但總是沒有付諸行動！

日子一天天過去，某天突然發覺好段時間沒碰到他了，後經打聽才知他孫子畢業了。頓時內心有些微落寞和歉疚。雖然他孫子不是我的學生，他也不是我熟識的故人，但他那段漫長付出愛心和耐心的日子，如有人在旁能對他付出關心，我想在寂靜等候時，內心必然得到寬慰的喜悅。

當日返家，妻正忙著準備晚餐，我悄悄來到她的身旁，幫著清洗蔬菜，切妥裝盤方便她下鍋，盛飯排筷送菜上桌，雖是舉手之勞卻讓她獨自工作中有人陪伴，我們邊煮邊聊，過程中談著學校趣聞瑣事，或影藝花邊新聞，在狹小廚房空間，雙方眼神不時交會著，妻滿心歡喜，在廚房她動作也更顯輕盈。

用餐之際，妻耐不住好奇地問：「今晚你怎會有興致來廚房幫忙？」我笑而不答。這是我心中的秘密，而她臉上洋溢著得意的喜悅，輕聲說著：「真的，有人在旁，感覺真好！」

更生日報　九六、一、八

花孩子的錢

隔壁老劉，或許早年生活較爲清苦，無形中養成勤儉的習慣，現今生活已有改善，物質基本需求不虞匱乏，但他依然克勤克儉過日子。

衣服穿久了舒軟，雖是舊款式，失去亮鮮光彩，還是稱心合意地穿著。藤椅磨損殘缺，捨不得丟，爲了環保，請人修復，也就將就用著。甚至廢棄的內衣也當了抹布，諸如此類不勝枚舉。唯獨對孩子的需求，他們是滿心樂意，而且想辦法給孩子最好的，但他們省吃儉用看在孩子眼裡卻不以爲然。

記得前一陣子，他兒子放學回家，百般無奈說：「爸！同學說你穿著那件牛仔褲上課已有一個月了，而且皮鞋也掉色泛白了！」老劉頓時滿臉錯愕，其實是兩條牛仔褲輪流換著穿，學生誤會了，他喜歡牛仔褲是因它耐磨耐髒，至於皮鞋還可以撐一段日子呢？雖是一番辯解，但當晚思緒沈澱後，他們夫妻生活的態度上有了個大轉折而豁然開朗。

心想往後他們錢財終歸有一天會留給孩子，現取些錢來花用對自己好些，有何不可？就當是花孩子的錢，就不至於捨不得吧！有了這個共同想法他們內心不由舒坦開來。

於是他們偶爾逛逛街，吃頓大餐，犒賞自己多日的辛勞，或閒暇度個假享受一番。有一回夫妻倆行經百貨公司，瞧見櫥窗衣飾，亮麗宜人，款式新穎，一陣心動，當他妻子褪下陳年舊衣，換上光鮮服飾時，對著鏡子照前照後，照出一身亮麗，正當付錢時，他倆不由相視而笑，滿心歡喜：「這是花孩子的錢！」

更生日報　九五、二、十六

糗事一籮筐

居家小巷的崔太太心寬體胖，個性爽朗，她來串門子，大家好開心，她總會帶來許多出人意表的糗聞鮮事。

有一回她和先生結伴逛百貨公司，因適逢假日人潮擁擠，之前他們早有多次同時出門，卻各自回家的記錄。這次更鮮，當他們逛到仕女內衣展售櫃前時，她眼睛不禁爲之一亮，被一件款式新穎別致的 bra 所吸引。走向前去拿在手中，專注地不停翻看。她一時興起順手將先生硬拖了過來，輕聲細語：「你瞧！好可愛的蕾絲滾邊，且外形黑裡透白若隱若現，夠性感了吧！」或許對方被抓痛了，一臉無辜：「小姐你弄錯了，放了我吧！」她頓時一臉羞愧，方知抓錯了別人老公，抱歉之餘，她先生早就不見蹤影。

另次夜晚，她爲了業務上的需要，獨自開車拜訪客戶，但窮鄉僻壤，地形不熟，且晚上淒風苦雨，四下無人，在這鄉間小路備感荒涼。正考慮是否繼續前進之際，在後面轉角處卻來了位騎機車的青年，竊喜機不可失，急將車窗搖下，探首問路：「少年喂……」但見漆黑中突然冒出一張大餅臉，而且出其不意，伸向眼前，嚇得年輕人連人帶車滑摔在地，這還了得，她趕忙下車趨前扶他，只覺青年人還驚魂未定，嚇得全身顫抖不已。

事隔一週，同樣情況再度重演，那晚她出差開往宜蘭方向，路經九彎十八拐，聽聞此路段常出車禍，晚上還見著冥紙隨風飄蕩。當時真巧後車燈壞了，在轉彎處無法打燈示警，爲了安全起見，行進間，車速逐漸減緩。不多時，後面也剛好來了位機車騎士，到了轉彎處，她爲了讓機車先行，於是將車窗搖下，手緩緩伸出，上下輕輕擺動。不知是她平日冷氣吹多了，還是保養有方，潔白的手臂在暗夜裡特別顯眼，偶爾連帶揚起一兩張冥紙。那場景極度詭異驚悚，但見機車騎士嚇得踏足油門，加速衝刺蛇行而去，剎那間消失在黑暗中。崔太太事後還擔心，那位有爲青年會不會因緊張加速而掉下懸崖。

崔太太接著談及前陣子的另椿糗事，她住家附近有家牙醫診所，剛搬來不久，她初次光顧，情況不明。看過診後，興致來潮和診所裡的婦人寒暄幾句：「妳做母親的真是好命呀，兒子栽培得這麼有成就，而且他看診時好細心喔！」對方聽後面無喜色，一臉無奈，她當時拿了藥還高興地走出診所。事後聽街坊鄰居談起，原來那婦人是醫師的太太。這下可糗大了，隔天滿懷尷尬跑去道歉，結果讓醫師的太太又難過了一陣子，這般景況她先生真不知說什麼好，只是連連搖頭。

崔太太她快人快語，喜歡憑著感覺走，下回她又有什麼鮮事糗事呢？我們都好期待喔！

更生日報　九四、七、二七

常見著父親

近些日子常見著我父親，不是在夢裡。

每天晨起，佇立鏡前，打理梳洗，尤其當手執刮鬍刀，沿著腮邊緩緩剃刮時，不禁往鏡裡瞧，卻映出父親熟諳的臉龐。待整裝出門，依然不忘在落地鏡前，望見父親的模樣。

時光流轉總是不經意。瞬間，發現自個兒已是滿頭灰髮，臉上也不自覺勾勒出粗細不一的皺紋，幾分風霜幾分自豪。目前這般景況，早在學生時期的記憶裡就格外深刻而熟悉自然了。

特別是今晚，我在窗前閒來無事，整理父親生前書冊信物，想念著父親過往的點點滴滴，正翻閱之際，驀然回首望向櫃旁明鏡，在皎潔的月光下，鏡裡父親也正望著我，這時不由思緒起伏，但覺生起一股暖流，在心中低迴震盪。

台灣新聞報　九四、七、十九

新年的禮物

「這幅『古厝即景』構圖樸實，古意盎然，我更喜歡那棕黃淺綠暈盪開來，若即若離的色韻。」

我拜師學畫近一年，平時每完成一幅習作，就亮在客廳音箱前，妻總會在畫前佇立良久，用心欣賞，讚美一番，之後說出她的感受及建議。我常訝異她的鑑賞力和敏銳度，寥寥數語，婉約中肯，且道出畫的欠缺處，我高興拿回潤飾修改，畫作再度展現，確爲更加悅目宜人。

妻重視和關心我的學畫過程，常專注看畫時，眉目間顯出自豪的神情，這使我在水量的控制、色度的調配、運筆的流暢更加的用心。而這『古厝即景』畫作，她極爲讚賞，歡悅之情溢於言表。

記得妻每回生日總是在農曆新年前後，但這次翻查月曆，竟然是年初一，真是令人高興的一天，於是我悄悄地將這畫拿去裱褙店框起來，想當天伺機拿出，當作她生日的禮物，給她一個驚喜，又若此篇文章刊出，我將剪下貼於畫框一角，那將會是她雙倍的喜悅。

有了這番決定，心中不自覺懷著一份落實的暖意，想著她的好。

於是在這暖冬新春之際，藉著這幅畫紀念我倆契合幸福的日子，作爲嶄新一年的開始。

台灣新聞報 九四、一、廿五

只要我喜歡

好友的兒子小雄，他拋物線的思考，有時令人難以捉摸，心靈的深處，那奇思異想，率直性格，彷彿隨著感覺走，不虛飾而悠然自得。

記得他小時候，有一回獨自在家，約黃昏時分，父母和姊三人自外頭返回家門，突然感覺到有水沿著屋簷滴下，他們抬頭望天，並沒有下雨跡象，這怪事也就沒放在心上。

飯後家人上了二樓，當時稍嫌室內悶熱，於是在紗窗上擺放簡式抽風機，好讓傍晚清涼空氣吸進來，化解房內鬱悶之氣，可是卻飄進來陣陣騷味，除了小雄之外，大家滿臉狐疑靜靜地坐著，一口氣一口氣地吸著，費盡心思，慢慢分析何來異味，經過一番猜測還是莫名所以，正在這當頭，小雄他幼稚的臉上，顯得侷促不安，大家來不及開口，他卻自己先招了：「我在紗窗上尿尿，是爲了好玩嘛！」

有一陣子，可樂是他的最愛，經常隨手一罐，仰首暢飲，快樂逍遙，他父親總會數落他，喝多了有礙健康，他就面帶笑容點頭稱是。某天，他母親在浴室馬桶的水箱上，看到擺著一個可樂空罐：「是誰的傑作，上廁所還配飲料喝？」大家不由自主看著小雄，沒有絲毫懷疑。

前些日子他老是抱怨穿不慣他的四角內褲，覺得穿 BVD 三角褲來得方便、性格。但是不久，他口味又變了，他母親最近一直沒晾曬他穿洗的內褲，家人一時也沒注意，有回他母親發現他外褲管脫線，叫他先脫下，暫時換另條外褲穿著好幫他縫補，湊巧衣櫃沒多餘外褲，他母親要他將就點，先脫下外褲再說，他卻毫無動靜，只見他面頰泛紅。頓時家人恍然大悟，異口同聲：「原來你一直沒穿內褲！」

這是否同儕潮流，一時風尚，未可得知。問他原因，他卻欲言又止。但諸如此類趣聞糗事，層出不窮，新一代的思考模式雖是自然流露不鑿痕跡，但又那麼曲折迂迴，至今好友仍然百思不解。

台灣新聞報　九三、十一

順其自然

由鑾丁驅車回程，路經萬巒已是正午時分，早已聽聞萬巒豬腳美味爽口且不油膩，大夥不禁食指大動，於是決定停車飽啖一頓。

坐定等候之時，但見大副豬腳在老闆刀口下，瞬間被支解成小塊列序盤中，老闆的技術精巧快速，遊走筋骨之間而不傷刀鋒，真令人佩服。

不覺中讓我想起，前陣子因事，多天熬夜，且作畫時間過長，因此手腕筋骨疼痛不已，雖是敷藥打針但未見好轉，只好假以時日，漸序治療。

大自然是隨著四季運行，因此萬物欣榮，而人的生活作息也一樣，要正常有規律，若違反了生活自然調息，那身體狀況就會遇著了不順的阻礙。這好比老闆支解豬腳，必依其肌理、筋骨、關結下刀，否則任意切割必處處有阻礙，道道有關卡，無法順暢進行。

工作時如有適當的作息時間，事情不要操之過急，且量力而為，自然精神愉快，工作效率也就提高了。

搖下車窗，沿途涼風迎面吹來，一身清爽，這趟休閒之旅，卻讓我有了意外的收穫。

台灣新聞報　九三、十一、三

從不完美中學習

小外甥轉眼國中了，成績一直是名列前茅，再難的課業，憑他的聰慧和努力，皆可一一迎刃而解，老師讚美他是位優秀的好學生，同學羡慕他是位學習的好榜樣，但日子久了，因恃寵而驕，有了傲氣，同學間的友誼顯得若即若離。

有天學校宣布恢復上美術課，同學高興有這堂快樂時光，畫得好的同學，獲得老師的稱讚而滿心歡喜。外甥對畫畫原是不屑一顧，但同學出色表現屢獲讚許，讓他心有不服，可是提起畫筆，手總不聽使喚，畫狗變成貓，畫兔變成鼠，事物特徵無法拿捏正確，美術老師費心一再矯正，別的同學畫得高高興興，他卻滿臉懊惱。

課業一向常勝軍，無往不利，卻敗在美術科上，內心一直無法釋懷。酷愛的卡通不看了，躲在房間生氣，父母也莫名所以。

驕傲猶如飽滿的一瓶水，又如何注入鮮活的新水而學習新穎的東西呢？上蒼讓人不完美是有道理的，人們經由知道自己的不完美，才能漸漸學會謙卑，好來彌補自己的不足。「每件事物都有裂縫，因此才會有光射進來，在生命中的裂縫中看到光。」聰敏的外甥我該怎樣向他解釋呢？我想還是先給點時間讓他的思緒沈澱吧！

台灣新聞報　九三、八、二八

母親的話

最近拜師學起畫來了。

之前，我沒作畫基礎，又缺乏慧根，每每習作之時，費時甚鉅。色彩的調配，水量的多寡，不易拿捏，紙上呈現的色調與線條，往往不如預期的流暢，本想暫停休息，但總覺得多處不妥，爲求好心切，於是再接再厲，急欲完成，急躁之下，結果適得其反，性急總給自己帶來了諸多困擾。

某晚夜深人靜，獨自一人閒坐陽台上，陣陣微風輕輕撩撥起我的思緒。

記得小時候，喜歡在旁好奇看著母親蒸蛋糕，定量的麵粉和玉米粉，外加幾個蛋。母親邊緩緩加水，邊輕柔攪拌，一圈又一圈不疾不徐，帶出乳黃的旋渦，散發出淡淡的奶香。母親從容專注的神情，總是那麼自信而有耐性。

蒸蛋糕的過程，覺得時間過得特別漫長，濃郁清香陣陣飄來，全身細胞不由自主地跳躍著：「媽！蛋糕蒸好了沒？」母親慈祥地笑著，越發使我無法安靜下來。當蒸籠蓋掀起的那一霎那，含帶玉米鮮甜的奶香，撲鼻而來，直灌腦門，這股芬芳美味至今依然停駐腦海。黃澄澄的蛋糕彷彿在熱氣中，柔嫩地抖動著，當落入口中時是那麼柔軟鬆口，真是人間美味。

母親卸下圍裙，淺笑著說：「好吃吧！蒸蛋糕是急不得的，時間到了，自然鬆軟香甜，做出好的東西是需要時間的。」當時雖然是不經意的一句話，卻隨著蛋糕的芳香飄入了心底。

如今憶起母親的話語，適時讓我有了醒悟，作畫是要用心的，如何將色彩適宜地安排呈現，如何運筆流暢簡潔，在在需要一番思考，一急就會失了序，原來創作出賞心悅目的作品，就好比烹調出美味可口的食物一樣，都是需要時間的。

台灣新聞報　九三、八、十二

愛情像片雲彩像陣風

老李年近三十，個性含蓄內斂，處理業務有創意有效率，但談及男女交往之事，則乏善可陳。

某天，他興致勃勃地告訴我，他喜歡上一位女孩，想隆重談次戀愛，我替他高興。交往過程中，老李總是精神百倍，陪她逛街購物，陪她和朋友閒聊，甚至陪她至美容院挑染。老李說想看場電影「海底總動員」，她說幼稚，聽場音樂會，她說沒心情，閒聊話題，銜接總覺吃力，但老李讓我覺得他在盡力地談戀愛。對方也並非不用心，她會介紹幾家好品味餐館，讓他有機會陪陪她。

可是老李回到家，顯得並不順心如意，彷彿備好菜料，費心燒炒，卻少了那點鹽。

傳來老李第二次熱戀，是二個月之後了。女孩活潑健談，且帶點書卷氣，交往不久，就彼此欣賞而情投意合，這回老李可真用盡了心，卯足了力，只見天天春風得意，神采飛揚，想來就這樣從此過著幸福快樂的日子了。但好景不常，才交往五個多月，女孩突然揮一揮衣袖，離他而去。老李失戀心情如坐雲霄飛車，跌落谷底，一張淒楚的臉，莫名所以。

其實戀愛，不單只是用心，還有心中那份感覺，若心裡一直沒那種感覺，再怎麼努力，再怎麼彼此遷就，也是一切枉然。至於老李再度失戀，我百般安慰，也深感無奈。

愛情沒有什麼道理，且飄浮不定，難以捉摸。雙方動了真情，卻也難保恆久不變，猶似山頭不經意飄來的雲彩，稍待片刻，未經察覺，已是飄離無踪。愛情有時又像一陣風，拂面掠過，歡悅舒坦，酥然沈醉，卻挽留不住。

但當這一陣風吹過時，老李確實感覺到了。

台灣新聞報　九三、六、三十

濃郁情誼紫薇小花知道

居家附近，崔媽和隔壁張媽原是交情熱絡，形同姊妹，彼此空閒就會走動走動串串門子。但有一回因言談上產生了誤會而起了爭執，之後負氣互不理睬，不相來往，這情形也有段日子了。

崔媽平日喜愛栽種花草，小小庭院綠意盎然。她先前不經意見著旁人種的小紫薇，長出的小花朵，潔白清香，幽雅討喜，於是一時興起在牆邊栽種起來。平日按時澆水修整，用心呵護，不多時枝條蔓越兩家之間的矮牆，伸展到張媽家的庭院。崔媽不明原委地想著，枝條生長得也夠旺了，卻只見著幾朵小花稀落地掛著。原來小紫薇輕巧可愛的小白花是在長長的枝條末端冒出來的，卻也湊巧大多數的小花，因向光性長到張媽家去了。而隔壁張媽每當大清早打開門時，映入眼簾的是牆頭上一列小白花，有時還閃現露水的晶瑩晨光，使得張媽心情爲之清爽開朗，歡歡喜喜地迎接著美好的一天。

日子一天天地過去，有天清晨張媽佇立門前，凝望著越過牆來的小白花，突然醒悟，嘴角不由漾著微笑，對自己說著：「小白花呀！我知道你傳達的心意了。」手撫弄著小花，且趨前身子輕聞著。

最近我常經由小巷走過她們住家，我喜歡聽崔媽和張媽她們相互交談的爽朗聲音，這時心中不覺一股暖意熨貼心頭，縱使兩家間築立一道石牆，卻無法築立起她們之間的一道心牆，她們濃郁情誼就如小紫薇的成長，是那麼的自然。

更生日報　九七、一、二

默片的聯想

前些日子，看了部小津安二郎的早期默片「我出生了，但」，片子雖是老舊，但描寫孩提時代玩伴互動的情景，生趣活潑，耐人尋味。

其中有一幕令我印象深刻，孩子當中，有位個子稍高自認老大，平日無心向學，常於下課後，帶著大夥四處閒逛，偶爾欺凌弱小引以爲樂，或幹點勾當以作消遣。如手下有意見相左的，則施展魔咒，向對方伸指一點，大喝一聲，對方二話不說立刻順服躺下。因是默片，只見嘴巴張開，卻無法知曉喊出何樣魔咒？施法的老大一臉威嚴，大有君臨天下之勢，接著在自個兒的胸前，劃個十字，唸唸有詞，伸掌面對著孩童，吆喝一聲，躺著的小孩身上魔咒即便解除，立刻站起，面露喜色。然後跟著老大背後，狐假虎威當個死忠支持者。

當時初看這片段，覺得真有趣，但思緒沈澱之後，那幕景象卻自動倒帶，在腦海重現，因是久遠的默片聽不見片裡的咒語，可是奇怪老大的咒語，我卻清晰聽見了他大聲喊著竟是「悲情」兩字。老大手下孩童雖心中不平，諸多抱怨，可是「悲情」一聲令下，則乖乖順從，彷彿被「悲情」兩字的魔咒洗腦後，潛意識裡根深柢固地存在著，當服貼躺著的孩童，一聽到傳來「本土」魔咒，突然生龍活虎蹦跳起來，不管老大平日是否惡行惡狀或言行不一，快速倚附老大身後，相挺到底，只要老大一聲招呼，則將對方打到「哭著找媽媽」也在所不惜，彷彿片中老舊畫面和現今社會的畫面卻契合重疊呈現眼前。

古今中外的神話故事裡，施魔咒者，在獨權中，總伴隨傲慢與無知，魔咒可迷惑一時，無法迷惑永久。而影片中的老大最終失勢，手下的孩童有了覺悟也個個離他而去，其實憐憫和公義早就深植在幼小心靈的深處，這是自然天性，不是偏離正道者「假借」魔咒所能壓制磨滅得了的。

當我看著孩童擺脫老大的掌控後，歡樂地在鄉間小道走著，這時我內心不由懷著和他同樣的心情，踏著有盼望的輕盈步伐向著遠方走去。

更生日報　九七、一、十九

驚魂高速公路上

記得那天是個銷假人潮擁擠的日子，整個天空黑雲密布，黯淡無光，密不透氣的烏雲緩緩罩下，有種風雨欲來沈重的壓迫感。我滿載家人回程北上，在高速公路上快速奔馳著。

行走間，寒風挾帶大雨四面八方襲來，車內聽到雨打鐵皮聲，咚咚作響，猶如叢林裡戰前的鼓聲。不多時，鼓聲遽然大作，急促狂敲，清脆俐落。但見車窗前，粒粒碎冰像顆顆子彈迎面射來，我們個個像身處在槍林彈雨中，無處可閃。車窗的強化玻璃雖將冰雹一一攔下，但大家仍然忐忑不安，一片寂靜。

正當大家回神過來時，接著瞬間，傾盆大雨狂洩不止，周遭如道道雨幕，蓋天舖地而來，車窗雨刷快速飛舞，完全起不了作用，卻在雨水中淹沒了。這時我見不著前方的車燈，感覺已被雨幕隔絕了。我無法知道前車及後車的速度快慢，我擔心前車速度突然放慢，我自己也無法將車放慢，深恐後車撞擊，這時的我不由瞳孔放大心跳一百，一時之間不在我明確的掌控之下，身處情況不明的恐懼在我心中流竄，腦海中想著車內家人外，一片空白。

約十五秒後，窗前冰雹遽然消失，雨幕也隨之淡去，豁然有光，而緊張恐懼霎時從心中彈出如釋重荷。見著前面轎車一陣驚喜，再轉望家人，每個人臉上隱然露出絲絲舒坦的喜悅，但也難掩心中巨大轉折起伏的緊張懼怕。

窗外風依然颳著，雨仍然下著，我卻想著在危險狀態下產生恐懼是人的天性，但處於情況不明時的恐懼，更爲可怕。雖短暫十幾秒，卻帶來無比的驚恐和煎熬。當車抵家門步出車外時，彷如隔世，個個伸展身子笑著說：「回家真好！」

更生日報　九六、一二、七

回憶裡的菜餚更美味

出差銷假前，趁著微雨的夜晚，和老李結伴到一家風評不錯的小吃店，品嚐這裡的拿手好菜——糖醋豬腳。

店面不大，躲在巷尾。或許今晚有點陰冷，客人不多，我們任意找個地方坐下，這時不斷飄來陣陣濃郁的酸甜美味，但見老闆將鍋蓋掀起時，蒸騰的霧氣立即飄溢四散，誘人的美味直教我酸在嘴裡甜在心底，期待美好的佳餚，等待是件幸福的事。

當整大碗糖醋豬腳擺在眼前時，不禁食慾大開，按耐不住的大口咬下，QQ的肉質含帶酸甜的汁汁，在口中恣意翻攪，陶醉其中，渾然忘我，直讚人間美味。

享受啃食筋骨是件細緻的工程，邊瞧、邊找、邊啃充滿視覺味覺的樂趣，放棄之前不忘再吸吮一口。當歡悅享受之餘，原來不自覺懷著母親的味道品嚐著。

小時候，母親常趁著晨光微露，趕往市場，買妥幾副上選的豬腳，及老薑、花生和配料，煮上一道港式糖醋豬腳。我喜歡在旁看著母親料理的神情，也喜歡看著燙過的豬腳和大塊老薑沈澱鍋底，肥碩的花生在糖醋的湯液中游走翻滾。過程中，室內散溢著誘人的酸甜味，如今回想起當時的情景，甜蜜的喜悅，猶在內心盪漾著。

老李不解望著我臉上漾著滿足的微笑，其實他不知道今晚這糖醋豬腳真的好好吃，沒有任何一道菜比令人回憶的菜餚更美味了。

更生日報　九六、一〇、一五

找個理由眞好

下了班回到家，天色已晚，和另一半總覺意興闌珊。說服她到外頭用餐，她會一陣歡喜，欣然答應，但片刻思索，又變了卦。邊打起精神，邊步向廚房，「在餐館吃，費時又不經濟，在家就將就點吧！」

持續白天的辛勞，將晚餐弄妥，已是一身倦意。面對費盡心思料理的菜餚，竟食慾缺缺，而餐後又是另項負擔。因之建議，買便當紓解下班後的疲憊。但吃遍了幾家便當，菜色依舊，兩位念高中的大孩子，數著飯粒，面有難色，看在眼裡，愧在心底。

恰逢天涼風寒，且冰箱存貨不豐。「週年慶，打八折，今晚全家吃大餐去！」我語意堅定，面帶微笑，另一半還來不及回應，我已拿了車鑰匙，招呼孩子下樓了。

一家四口神采奕奕步入了餐廳，舒坦地坐落在把手的椅子上。孩子們接過 menu 極爲興奮，不到五分鐘，就各自點出他們喜歡的黑胡椒牛肉板燒和滑蛋牛肉燴飯來，而後悠然自得，打量著四週裝飾，賞心悅目的西歐壁畫，古意盎然的手藝精品，耳邊傳來輕柔音樂，彷似有意無意挑起你的食慾。而我趁著另一半手還停在價目上時，替她點了份海鮮大餐，正合她口味。自個兒也來份鮮魚涮涮鍋。

吃著、聊著，了解孩子們在校的糗事趣聞，也訝異孩子對時事褒貶的敏銳，燈飾的柔光下，襯托出他們臉龐那份自信的爽朗。餐盤在送來端回之間，在另一半身上，驚覺到用餐是多麼欣喜的享受，且灑落一身洗碟盤的負擔。

餐後，桌前陣陣濃郁的咖啡香，四溢飄散，熱騰的霧氣，裊裊上升，啜了一口咖啡，腦醒神提之餘，想起孩子們月底考完期中考，何不犒賞他們一番？想想這理由真好。

台灣時報　八七、五

生日禮物

一部CD播放機是他十七歲的生日禮物，款式新穎，多項功能，機身銀白亮麗，輕巧悅目，緩緩播送著他喜愛的歌曲，優美的旋律紓解他不少課業上的壓力。

好景不常，不出一年，CD播放機故障了，他只好送往電器行修理，一週過後帶回，但使用沒幾天，又出狀況不聽使喚，電器行老闆說：「與其花費在修理上，倒不如換台新的較划算！」CD播放機外觀依然嶄新光鮮，輕易就拋棄它，實在捨不得。

他悵然離開，卻無意間行過電器行後院的廢置廠，舉目望去，各式各樣的電器錯落堆放著，許多電器耀眼如新，一看便知，使用時日不多，或因某處電腦程式出了差錯，或因某個零件受損而落此下場。

他決定在課餘時間，配合職校所學，將CD播放機分解研究，懷著一股學習的熱忱，和對物質的珍惜，努力去了解電器故障的癥結所在。

不久之後，那台CD播放機在他手上修妥，完好如初，高興保存了那件珍貴的生日禮物。

而且不時警惕自己，要愛惜資源，善用資源，不可任意浪費，化廢棄物質爲有用的東西，給環境保有更大的潔淨空間。

不知不覺，這環保的想法，已漸漸融入他生命的深層裡。

多年後，他在一家環保研發部任職，成了一位環保尖兵。

台灣新聞報　九四、三

一趟豐富之旅

在現今家庭裡，孩子的成長過程中，父母常認爲自己平日照顧孩子已是盡心盡力，也盡了責任，卻沒去真正了解孩子們需要的是什麼，而忽略了他們的內心想法，於是孩子在徬徨無助下，感受不到父母的關心。當我在觀賞法片「蝴蝶」中，欣然見著愛的意涵竟是如此的豐富細緻，處處令我動容。

片中老爺和小女孩如蝴蝶般都在學習成長，老爺學會關愛別人，小女孩也感受到關愛和盼望成長的喜悅。

獨居老爺，平日養集蝴蝶爲樂，每年四、五月趕往山上尋覓珍貴伊沙貝爾蝶，有次在居家附近，無意間發現八歲女孩愛樂沙，放學後久久沒家人來接她回去，警方亦無法連絡上家人，缺乏母愛的愛樂沙趁機一再要求下，於是一老一少結伴前往深山野地，作了一趟人生豐富之旅。

山間野地，鳥叫蟲鳴，一片綺麗風光。老爺原本孤僻、木訥、生疏，但和愛樂沙一起生活八天，慢慢建立了美好的情誼，心中沈寂已久的心湖，盪起了漣漪，有了異樣的改變。

愛樂沙聰明可愛，在老爺細心指導下，逐漸了解大自然的美妙神奇。她學著分辨蝴蝶的種類大小，看著成蛹成蝶的變化過程，以及享受追風捕蝶時奔跑的歡樂，更體驗到搭蓬露宿的另類生活。

孤獨寡言的老人和缺乏母愛的小孩，在大自然的環境裡，有了和諧的共鳴與協調。而共同的興趣在一問一答中，建立了兩人良好的默契關係。愛與信任拉近彼此間的距離，共同成長，也共同體驗了美妙的人生。

愛樂沙專注著蝴蝶的蛻變，臉上神情顯現出喜悅的滿足。一如她心中也追求著成長，像蝴蝶翅膀逐漸撐起、硬朗，而振翅起飛。

她好奇地問：「蝴蝶飛往那裡？」老爺笑著：「飛去正等妳的那個人的地方。」愛樂沙若有所思提及她曾做了個夢，將籠子裡的金絲雀放出來：「我張開手，牠停在手上沒飛走，我想，牠留下，大概是愛我吧！」

她自忖：母親當天沒來接我，或有不得已的理由，但母親還是擔心著我，等候著我回她身邊。

成長是需要時間的，像蝴蝶需時間化蛹成蝶。老爺花時間覓尋伊沙貝爾蝶，愛樂沙的母親也需時間重新自我省視，尋回她的寶貝，而湊巧愛樂沙的母親也名叫伊沙貝爾，正如老爺說的：「我們都找到我們所要的。」

這趟旅程，使愛樂沙與母親重新拾回那份珍貴的親情，老爺和愛樂沙也經由這趟旅程，豐富了他們往後的人生，猶如蝴蝶在陽光下，展翅飛舞迎風而去。

這時耳邊響起愛樂沙輕柔地問著老爺：「人怎樣才能富有呢？」「做自己喜歡做的事。」老爺牽著愛樂沙輕快地走過青蔥草原。

這愛的溫馨場景緩緩推進眼前，不由豐富了我的心田，令我久久無法忘懷。

如果真要存在所謂「愛的證據」，那就是說明人們缺乏信心。若人們沒有信心，愛就失去了。那愛在那裡呢？愛在叮嚀，愛在懷裡，愛在眼神，愛在風裡。

更生日報　九七、一、十五

附錄篇

影評

夢裡桃花源

——談黑澤明的電影〈夢〉

「夢」是日本大導演黑澤明九十年代近期作品，亦是晚年最後一部遺作。本片由八則故事環扣而成，運景流暢，畫面引人，深入精髓，展現敏銳洞察力，及悲天憫人的人道主義。「夢」片中，特對高科技給大自然帶來負面殘害，著墨甚多，且予嚴加批判。讓孤寂社會的現代人，在荒蕪的性靈上有所自省。

「太陽雨」出大太陽卻下著雨，母親告誡孩子，不可到外頭去，這般天氣是狐狸出嫁時，見著了會帶來惡運。孩子好奇，趁著微雨，一聲不響出去了。躲在樹後，湊巧窺見了狐狸出嫁的場面，不幸卻被發現。

回得家來，母親在門口一臉怒氣說，剛才狐狸來家抗議，交下匕首，要你切腹自殺，現在快趕去彩虹下，找回他們，懇求道歉。孩子被母親關在門外，推門無效，只好轉身面對。

故事深具日本傳統教育的濃厚色彩，母親教導與叮嚀，孩子違背執意不聽，則一切後果自行承擔。母親斷然將門關上，是孩子獨立負責的開始。沒有童稚的啜泣，沒有發出哀求，毅然深入樹林迎向草原，行至不遠處，豁然開朗，晴空一道彩虹，呈現眼前。整段故事中，小孩幾不著一句口白，凸顯日本武士堅毅精神的張力。末了鏡頭轉向空靈的山野，拉向美麗的彩虹，孩童渺小佇立一角，韻味無窮。

另狐狸嫁女兒的場景，隊伍緩緩而行，營造懸宕神秘的氣氛，彷似一股致命的吸引力，亦是神來之筆。

「桃田」原是桃樹成林，嫣紅翠綠，因園地他用，砍伐一空。小男孩來到桃田，但見桃樹棵棵攔腰砍斷，光禿禿備感荒涼，小小心靈，不禁悲傷痛哭，頃刻間，桃王，桃后帶領桃精遍佈桃田坡上。

桃后厲聲喝道：「妳哭是因沒桃子吃！」「不！桃子可在水果店買，而盛開桃花林又何處買呢？」孩子說完，哭得更傷心，桃王憫其情，於是傳令桃精們演齣戲給小孩看。

桃樹的砍伐，不只是自然的破壞，且給後代幼小心靈對美的憧憬，更是莫大斫傷。之前桃田美景，是快樂之源，轉眼砍伐殆盡。蒙太奇畫面的轉換，化作小孩哭泣的臉，使觀眾與劇中小孩感同身受，震撼不已，猶似哭訴著大人的戲法變得太快，保護心中的擁有，霎時化爲烏有。

孩童哭，不是爲了沒桃吃，桃王桃后深受感動，以桃花群舞回報，這似乎是微妙的隱喻。植物和人類都是有生命，是共存的，人類若真心誠意熱愛大自然，大自然必慷慨給予豐盛的回報。

桃樹盎然，落英紛飛，孩童滿心歡喜，短暫尋回心中的「桃花源」，之後呢？

「暴風雪」敘述五位登山者追求毅力，勇氣，及體能的極限。適逢連續三天暴風雪襲擊，終不支陸續倒入雪地昏睡，唯領隊在雪中半睡狀態，雪女出現，將披肩覆上，溫柔安撫他入睡。領隊暖和舒適，但下意識多次喚醒他，沈重眼皮，極力睜開，奮力撐起，與甜蜜死神——雪女，幾番纏鬥掙扎，而活過一命，誠然「生於憂患，死於安樂」。

「烏鴉」一位畫家欣賞梵谷作品——烏鴉，畫前佇立良久，瞬間，溶入了畫中，與梵谷草原相會，覓尋梵谷心靈世界，體會偉大畫家靈感捕捉的刹那，以及爲了光的追捕，而與時間競走的激情。之後，畫家驚覺，大自然的陽光在畫布上呈現出的神秘感。經一番豐盛巡禮而步出了畫框。

「山洞」落魄軍官向著隧洞踽踽獨行，入洞前，猛然跳出軍犬，狂吠阻嚇。但他仍邁入了隧洞，出得洞來，身後卻走出所曾帶領的第三小隊亡魂，向小隊長控訴，他們何以陣亡，小隊長向其言明戰爭之不合理外，自身當俘虜苟活殘存，亦深感內疚。部隊屍魂有了答案，回身紀律化的步入了隧洞，軍犬猛吠了一陣，隨之入洞。

隧洞深邃漆黑，是隊長的內心陰影世界，一直無法揭開的傷痛，自領的分隊全部陣亡，而唯獨自己忍辱偷生當俘虜，卻嚐盡如死亡般的痛苦，也許是他選擇死的另種方式，但生不如死。這般羞辱，沈壓心中，苦不堪言，而道德批判，內心煎熬，一生擺脫不了。雖走入洞中，猶如揭開瘡疤面對痛楚，軍犬兇惡狂吠嚇阻，象徵碰觸傷痛的內在掙扎。是化解小隊陣亡的亡魂控訴，走出洞口，本以爲卸下羞辱的重擔，但軍犬尾隨其後，狂吠不已。意味著失責偷生的痛楚，縱然走出山洞，亦無法消失。

「紅色富士山」與「鬼哭」皆對高科技核能，提出深沉控訴。核電廠的爆發事件，及幅射線的污染，使整個生態環境，遭受徹底摧殘破壞。生物突變，兩張臉的兔子，一隻眼的雞子，長毛的魚。而人類不是罹患血癌，就是畸形殘缺。悲劇果真發生，地處島國的日本，如片中災民，被迫逃往海邊，絕路一條，浩劫難逃。

「水車村」如桃花源般的村落，一切生活返樸歸真，除卻物質文明的包袱。村民熱愛大自然，尊重大自然，簡單生活帶來心靈滿足與歡樂。內心富足怡然自得，與故事「桃田」前後呼應，一氣呵成，圓了黑澤明心中美夢。

書評

除卻巫山不是雲

——重讀徐林克的《我願意為妳朗讀》

曾否依偎父母身邊，聆聽爲你朗讀的故事，出神而著迷，溫馨而怡人。曾否守著收音機，收聽廣播劇或說書，情節緊張起伏，思潮在無限的想像空間，奔馳、翻騰。時間長河，伴隨著多少歡樂歲月。

《我願意爲妳朗讀》，是一本故事發生在一九四五年戰後的德國著作。作者文筆清新感人，情節樸實動人；是探討初戀情慾的世界、戰時制度的荒謬、殘酷屠殺的批判、及人性的光輝。

書中描述十五歲的少年麥克，因大病後閒散在家，認識三十來歲的女子韓娜，繼而陷入愛慾交織的戀情。韓娜身世如團迷霧，麥克無從了解。有天，韓娜不告而別，麥克如夢初醒、但卻無法釋懷；七年之後，他在法庭上和韓娜重逢：她被告涉及納粹時期的屠殺事件，而背後隱藏著不可告人的秘密。

謎樣的戀情

謎本身就是一股吸引力，讓麥克一頭栽入探索、追隨。年少的麥克情竇初開，迷戀上大他一倍的韓娜，如墜入霧中、樂此不疲。

戰後重整，是人心渙散的時代，也是男女難以協調的社會。韓娜適時的出現，恬雅迷人的氣質、帶他進入另一個境地。她堅毅、優雅，又如母親般溫柔寬容。每每讓他懷念起幼年嚴冬時，母親推把椅子到爐邊，讓他站上去、替他梳洗穿衣的情景。韓娜的呵護關懷下，讓麥克了解自身的成長與自信。

麥克多年後回想，愛她非僅是她的身體，而是「她的姿態與移動方式」。優雅氣質，何嘗不是霧中謎？

韓娜隱瞞文盲，擔當全部罪行

韓娜不告而別，七年後、麥克因研究納粹歷史，及追蹤審判過程做評估，卻在法庭裡再度見著韓娜。她因戰時屠殺事件受審。

戰時韓娜在德國集中營當過警衛。那時數百名女囚關在村中一座小教堂，炸彈命中着火；因執行命令未及開鎖，致婦女活活燒死。她另承認親手寫下一份討論報告，因之刑罰加重。

事後，麥克突然發現韓娜不會讀，也不會寫字。

她為什麼要承認報告是她寫的？她本來不必攬上這罪，真是令人沉痛的思考。

一時無法探究當時社會背景對文盲的定義為何？但必然是人格的鄙視與無知的表徵。文盲意味著做別人告訴你要做的事，是聽命行事、沒有自主能力。而韓娜有思辨的能力與智敏的學習；而文盲真是她痛心疾首的事。

文盲是缺乏安全感的、是難以守得住自身尊嚴的。文盲亦是自由的阻礙，唯有保守秘密，可躲開人群、地方、工作的接觸，擺脫困擾，求得內在與外在的自由。

韓娜寧可不就公司主任，而加入秘密警察擔任守衛，婉拒升遷司機而擔任車掌。主任、司機是主導與知識的代表，會造成她內心的緊張、自由的侷限，更擔心失去心中秘密的擁有。罪罰是外在的她寧願承受罪行，而珍惜內在那份真實與感受，那份尊嚴與自由。

麥克不挺身作證是公義嗎？

或許會問，法律之前講的是公理、正義，是要彰顯事實的真相。麥克理當說明事實，幫她作證以伸張正義。不錯！但我們似乎忽略了人性珍貴的另一面，每一個人有他自己選擇的權利。人們常以自身的感受加諸在他人身上，甚至於壓迫別人作「明智」的選擇；人存在的可貴就在獨立的思考模式，人的快樂也就在於自由意志的選擇。韓娜雖缺乏安全感、雖是不識字的文盲，但卻不是無知；而麥克領悟了這一點，因此他保有了韓娜所「擁有」的。

《小王子》一書裡告訴我們，馴養了一件寵物，你就對它有了責任。而擁有更不是自以爲是的掌控者，爲所欲爲。真正的「擁有」是在於你能爲對方做些什麼？你對對方有何益處？麥克雖見不到獄中的韓娜，但他心中關心，在乎，對方必然存在。

荒謬制度下的冷漠與麻木

「我們不能就此讓她們逃走！我們對她們有責任……我們必須看守她們，不讓她們逃走。」

當時納粹戰爭的體制下，命令是服從與責任、模式的操作、機械的執行。事後產生的悲劇自是罪不可赦！這卻也浮現出執行者的無助、困惑，這何嘗不是獨裁制度下的代罪羔羊？那是歷史的悲劇。而五歲茱麗雅又何嘗不是父母離婚制度下的無辜者？過程中她何來選擇的權利？

專權制度下伴隨而來的是冷漠與痲木。「審判過程中揭露的事實與結果，他們嚇壞了！後來則是因痲木開始進佔。這現象在法官和不相關的聽眾身上最明顯。」另麥克往史圖豪夫集中營收集資料途中，訪問司機過程更是精彩確實的明證。

集中營的劊子手不恨被他殺掉的人，只是在做他的例行工作；機械式的執行，以致對這些事情冷漠到極點。司機談及一名軍官執行槍殺排成長列的猶太人，「有一種滿足的表情，甚至帶些欣喜；也許因爲一天的工作即將完畢，就快要回家。他不恨猶太人……。」納粹下的制度，如此斫傷人性，人性弱點呈現出痲木冷漠的一面。

「那人是你嗎？」麥克質問司機

司機惱羞成怒：「下車！」

「是你嗎？」的質疑，觸動了人性底層的深處。

印地安人有個傳說，人的良心猶如個尖銳三角體，人若做了違背良心的事，銳角就會刺痛你，若無悔意重覆犯錯，銳角自然被磨損，而成圓球，那就是沒感覺的痲木。

韓娜知識的渴求

麥克翹課，使韓娜深感憤怒「如果你不想唸好你的書，就不用回來了。」文盲，對韓娜而言是切膚之痛，已埋下伏筆。另一幕是韓娜在麥克父親的書房裡。「她的手指劃過書背，望著窗外的黑夜。」一手指劃過書背，意味著渴慕文字的追求；窗外的黑夜，影射內心的世界。書本知識代表光明，與黑夜呈強烈的對比。而韓娜、麥克、書三者的關係亦為往後鋪展出錯綜感人的情節。

韓娜有勇氣承擔自己的罪過，是真誠的，麥克往後多年費心為她繼續朗讀各類故事、小說，並錄製成錄音帶，含帶溫馨情意，一併寄到監獄給她。

麥克替她朗讀

十年朗讀的歲月，心靈的對談，韓娜走出心中的陰影，終於學會閱讀、寫字。麥克先前無法替她做減刑的選擇，卻藉由朗讀的另外一種方式，協助她追求人格的尊嚴和信心，求得心靈的釋放。摒除心理「文」字的「盲」點。雖然身在獄中，內心卻自由。朗讀彷如一把鑰匙，打開了她心中之牢。

彼此一路走來，相互關懷著。麥克發現韓娜一直收藏著他當時報紙刊載的畢業受獎的照片。又從典獄長口中得知韓娜渴望他的來信，不禁心中翻攪，淚水滿眶。藉由朗讀的內心交流，走過漫長的歲月，共同感受，共同成長；那深情隆誼，感人肺腑。

救贖

韓娜犯下的罪，不逃避，面對著承受。她努力學會讀、會寫，且樂於助人。她將錄音帶分門別類借給援助機構，去幫助盲人，讓別人共享長進與喜樂。另獄中多年的存款，捐給反文盲猶太聯盟，或非營利機構。使人性的善良面得到昇華。

『曾經滄海難爲水，除卻巫山不是雲』，年少愛戀，情慾交織，彷如山頭雲層，消逝後，又不經意地飄來。昔日歡悅情懷，常在腦海湧現，追隨終生。

作者麥克曾試圖將這段故事寫下，以便從整個事件中得到解脫，而遺忘是件痛苦的事。以記錄代替遺忘，卻不知在寫作的過程中，陷入更深沉的回憶。

人生所經歷的一段歷程、所留下痕跡，並非橡皮擦所能擦得掉的；此時依稀看到麥克搭上韓娜的公車，在回憶的路上漸行漸遠。

詩評

磨不盡的鄉愁

——淺析謝輝煌的新詩〈賣豆漿的老鄉〉

日昨閒暇，翻閱詩人台客大著《詩海微瀾》，初拜讀部分詩人作品之餘，深感首首小詩，字質優美，意涵豐富，結構與意象鮮明，對比和技巧極為貼切。初接觸新詩的我，不禁拈出謝輝煌一首小詩〈賣豆漿的老鄉〉來，寫下自己不甚成熟的感受。

賣豆漿的老鄉

屈附於高牆的腳邊
搭一個沒有招牌的棚子
豆漿在棚蓋下煮著騰騰的熱情
迎接嶄新的早晨

磨過槍林彈雨的手
磨了黃豆又麵粉
把串串異鄉的午夜
磨得乾乾淨淨

太陽的金磨
也在棚子上磨來磨去
好多年了！就是磨不掉
那一口越聽越濃的鄉音

這首詩是描述一位老兵退伍後，流落異鄉，委身做點小本生意，以賣豆漿糊口度日。實則詩的背後隱含一股濃烈鄉愁直逼而來，且諸多意涵和意象加深本首詩的深層意義。

第一詩節前二句「屈附於高牆的腳邊/搭一個沒有招牌的棚子」

老鄉卑微地依附高牆的腳邊搭棚營生，「腳邊」兩字隱然意味著一個不顯眼的地方，一個隱避的角落，詩人已不經意點出寂寞的鄉愁早在老鄉某個心靈深處，時時被撩起，而為詩的舖展留下了伏筆。

第三、四句「豆漿在棚蓋下煮騰騰的熱情／迎接嶄新的早晨」在蓋子之下，除了煮著熱騰騰的豆漿招待前往的顧客之外，其實詩人技巧地用上了適切的意象，這裡「熱情」不僅是對顧客的熱忱而也是另暗指老鄉心中「熱切思鄉之情」，因之「蓋下」的豆漿，在燒火之上翻滾悶繞，這熱度象徵著思鄉之情獨留在心中煎熬、急躁而顯得無奈，這般淒楚的心情深藏心中的「角落」有誰能知呢？

接著第二詩節是本詩的精華主體，其前兩句「磨過槍林彈雨的手／磨了黃豆又麵粉」，一位曾是百戰沙場的老兵，如今為了生活「磨了黃豆又麵粉」，謀生著實不易。不由在眼前呈現一幅悲涼場景，一位屈腰弓背的老兵緩緩推動著磨子，卻不斷碾痛他內心片片的回憶。

下句「把串串異鄉的午夜／磨得乾乾淨淨」，更緊緊環扣前兩句。異地鄉愁，尤其在夜深人靜，午夜時分備感孤寂滄涼，那對故鄉濃烈的思念，猶如三角錐，在心中流竄激撞，百般痛楚，偶爾撩起一兩回鄉愁也罷，但這鄉愁卻是成串成串牽扯糾纏而來，並且是夜夜不斷，黃豆麵粉有磨盡的時候，而蘊藏心底的鄉愁能「磨得乾乾淨淨」嗎？因之這兩句其實是反諷，也更增添了本詩的張力。而最後詩節卻依然不放鬆，緊扣第二詩節，渲染的情感繼續舖陳下去。

「太陽的金磨／也在棚子上磨來磨去」

今天的太陽升起，明天的太陽仍然升起，週而復始，綿綿不息，自然定律恆久不變，「好多年了！就是磨不掉／那一口越聽越濃的鄉音」，人的出生地，人的過往，是一生無法切割的宿命，人的根源是人的一部份，不像用橡皮擦就能輕易擦得掉的，鄉音是根深柢固的事，更不可能改了鄉音就去除了鄉愁。如今詩人以大自然的威力，持續而恆久的「太陽金磨」依舊磨不掉鄉音，除不掉鄉愁。

之外不可忽略的是在第二詩節裡的「午夜」表示夜晚，和第三詩節裡的「太陽」表示著白天，形成強烈對比，意味著白天磨，夜晚磨，日日夜夜地磨，大大凸顯老兵對故鄉濃濃的思念。

綜觀全詩，字裡行間真情流露，且意涵意象豐富，再加上詩人善用隱喻、對比、反諷，在在襯托出本詩深層的意境來，而詩節之間環環相扣，前後呼應，一氣呵成，令人激賞。

世界論壇報　九六、五、三十一

握住天堂的福份

佚名　著
譯作

診斷爲疾病末期的婦人，尙有三個月的存活。她打理身後事之際，順便撥了通電話，請牧師來趟家裡，討論她臨終前的請求和諸項細節。

她告訴牧師，在追思禮拜希望唱哪些詩歌，讀哪段經文，和放哪些衣物在靈柩中，她也要求入殮時左手能握著喜愛的聖經。

一切談妥就緒，正當牧師準備離開時，這婦人猛然記起對她極爲重要的最後一項要求。

「牧師麻煩您，再一項請求就好，」她興奮地說。

「沒問題，妳說！」牧師回答。

「這事對我很重要的，」婦人接著說，「我想入殮時，右手能握住一把叉子。」

牧師定睛望著婦人，啞口無言。

「讓您吃驚了，是吧？」婦人問。

牧師緩緩回答：「老實說，要求這事我倒有些困惑。」

婦人解釋：「牧師，您是知道的，我一生中參加教會的社交活動和愛宴，清楚記得，主菜結束收拾碟盤時，免不了有人會靠過身來悄悄對我說：『拿好叉子，接下來是妳最喜歡的，因爲我知道更好的美味即將端出，例如柔軟的巧克力蛋糕，或厚實的蘋果派。有些點心太棒了，如此可紮紮實實的結束豐盛的一餐。』」

牧師專注地傾聽著，微笑盪漾在他的臉上。

婦人接著說：「因此，我只想大家見著我在棺木裡手拿著叉子，好讓大家覺得奇怪，拿著叉子究竟是怎麼回事。到時麻煩您告訴他們：『拿好你的叉子……還會有最美好的東西即將上桌。』」

牧師擁抱著婦人道別時，眼眶湧現喜悅的淚水。

牧師心想這是她過世前最後一次會面了，但他也明瞭，婦人握著天堂的福份，勝過她所擁有過的，而她知道，也深信最美好的事即將到來。

葬禮中，眾人行過靈柩看見她穿著華麗的衣服，左手握著喜愛的聖經，右手拿著叉子，牧師一再聽到眾人問起這問題：「爲什麼手中拿著叉子？」而牧師的微笑也一次比一次更歡悅璀璨。在託付的口信裡，牧師告訴會眾，在婦人生前不久，曾和她交談過，且說明叉子的原由，和叉子對婦人的象徵意義。

牧師並且告訴會眾，他一直不停思考有關叉子的事，他也深切盼望會眾，在這事上不斷思想。於是叉子和叉子的意義深深影響到每一個人，並且和碰見的人彼此分享。

現在提起這事跟你分享……所以下次當你拿起叉子時，好讓叉子輕輕提醒你，美好的東西即將上桌。

基督教論壇報　九四、二、二六

愛的迷惘

Robert Fontaine

十四歲那年，我離家出走。

我父母以爲我是去了夏令營。我出發前往，卻中途下了火車。只因見著一場盛大嘉年華會，原意留下觀賞，直到下一班火車的到來。當時憶起舅舅的忠告：「你如沒見識過整個大千世界，將無法爲你來世做妥善準備。」

在嘉年華會，我四處閒逛，猶如夢中。我聞到爆米花濃郁芳香，及糖漬蘋果味，我聽著熱情的音樂，嘉年華會的喧嘩，也嚐著好吃的糖果。

下一班火車進站，又班班火車離去，但我仍在夢中，我愛上了嘉年華會。覺得這是我最終想待的地方，這兒生活真有趣。

我嘗試找份零工，而我卻看起來不像嘉年華會這兒的人，那滿臉汗水，體格碩健男人，對我微笑說目前沒適合我的工作，身著花衣，龐大身軀的婦人輕拍我的頭，給我同樣答覆。我有點難過，於是求助羅米亞，她是位算命師。

「讓我瞧瞧你的雙手，」她說。看了好一會，「你情場會失意，」她說。片刻後，她又附加一句：「然而，誰又何嘗不是呢？唔。」

「妳會嗎？」我問。

「一向如此，先是催眠師海普，然後碩健的格瑞克，甚至經營幻鏡屋的哈赫。」

「我真替妳難過，」我說。

她覺得我額骨隆起，「骨相好！」她說，「額骨長得好，而這智慧骨蠻大的。或許我能幫你忙，在嘉年華會，我有許多朋友。天黑回來，可睡在篷車上，但你可得幫我洗碟盤，而睡在你自個角落地方。」

我滿懷興奮離開，四處溜躂，嘉年華會上，各形各色樣樣看遍。末了，閒盪來到催眠師海普處。他身材高大，整臉塗白，唯面頰點上兩顆紅點。

我定睛出神看他將女孩鋸成兩半。

女孩躺在長箱內，頭腳各分兩邊，她面露微笑，看起來多麼美麗、勇敢。她藍眼金髮，當穿身鋸過，似乎不覺得難忍不安。真是件奇蹟！稍後，她又被組合一起，多麼可愛的魔法呀！

「是種把戲！」在旁村夫說。「其實是鏡子的傑作！」肥胖村婦附和著。

我聽了滿臉狐疑，個中可能有些是戲法，但我親眼目睹，鋸子在美麗的貝兒．琳達身上鋸過，也見著她臉色蒼白。或許村夫村婦沒我這般的額骨吧！

我回到算命師羅米亞身邊：「你可留在我這兒，」她說，「有夠吃的，旁人閒語，可不必理會。」

我留下來幫羅米亞，做些零星打雜之事，也到眾人中交朋友。告訴他們，羅米亞如何精準預測未來，以及如何測出我的過去，她生意因之日益興隆。

數週後，我打從內心愛上了貝兒．琳達，我將心事告訴羅米亞，她笑了，說：「某方面，我深表遺憾，但或許你會學得教訓，你愛上不可能的事，但其他男人又何嘗不是。你愛上金髮藍眼女孩，然而你心中的另一半卻也愛上了黑髮褐眼女孩。」

「我愛上了貝兒．琳達，」我自豪地說：「也許除了母親和妳之外，再沒旁人。」羅米亞摟著我說：「你是個乖巧男孩，趁你閒時，就愛你所愛吧！」

夏季飛逝而去，是我該離開的時候了，孩子們即將結束夏令營，而我也得返家。走之前，我想跟貝兒．琳達吻別，告訴她我愛她。正當她被鋸成兩半時，我多次嘗試告訴她，但海普總是把我推開。

離開當天，我正走近旋轉木馬邊，驀然瞧見她金黃的頭髮，我奔向前去，她卻消失在鏡屋裡，我追趕過去。

「小心！孩子！」守門說：「在裡頭會有奇妙的事發生。」

我趕進屋裡，頓時停住，無處可走，在前，在後，甚至週遭，都是我。無論身轉何處，所見著就是自個兒。

我觸摸鏡子，盡力搜尋出口，但一切惘然。我迷失在自己所圍繞中，而深感孤獨。「貝兒．琳達！貝兒．琳達！」我叫喊著，突然看見她在鏡中，我伸手去抓她，竟是面鏡子，瞬間，她消失了。

片刻後，另一個女孩出現了，是貝兒．琳達，箱子相對的另一半，著相同鞋襪的黑髮女孩，嬌美可愛，在四面八方的鏡子裡，向著我來，可是轉眼又消失。接著金髮女孩回來了，這回她觸摸我，「我是貝兒，」她說。

「打從第一次見了妳，我就愛上妳了。」我說。

「你是討人喜歡的孩子，」她吻了我，一轉身，消失了。不一會兒，黑髮女孩再度現身。

如銀鈴般的笑聲說：「我是琳達。」她吻了我——一個溫情愛意的吻——然後說：「你是討人喜歡的男孩，」話一說完也消失了。看著百面鏡子裡的我，再次陷入孤獨。

我終於發現了出口，出得戶外，快樂自己還活著。我奔往羅米亞，告訴她剛經歷的事。「海普鋸成兩半的那位女孩，吻了我，另一位大不相同的黑髮女孩，她也吻了我。」

待我心緒平穩，羅米亞說：「早告訴過你，一直是有兩位女人，各不相同，一位你極爲熟識她的面貌，另位也就是相對另一邊那位，你絲毫不認得。」

「但她是同一位女孩嗎？」我問。

「目前是，過一會，又化爲兩人。但是我們必得要你打點好上火車了，倒希望你有個令人興奮愉快的夏季。要知道並非多數男孩都能度過這類夏令營的。」

我伸開手臂摟住她，「始終是令人興奮的經驗，」我說，「並且我戀愛了，我也突然長大了。」

回到家，一切如常。

「你沒曬到什麼太陽嘛！」母親說。

稍後，嗜酒的舅舅曖昧看著我：「你必定幹過什麼不軌之事，找個時間，從實招來。」

我將實情說了。

「喔，」他說，「有兩位女孩，如你所見，一位露出頭來，雙腿放於身子下面，切合地嵌入箱內。另位女孩伸出雙腿，彎下整個身子嵌入另半箱子內，而鋸子擺放在兩女孩之間，明白嗎？這純是把戲。」

我面露微笑，好讓他誤以爲我相信他的話。

但他絲毫沒真了解個中原委，他怎會理解呢？他終究未曾戀愛過。

譯者附註：

男孩純真無邪，對愛情憧憬似夢如幻。自認愛上了對方，但實際非全然深知對方，猶如陷入了幻鏡迷宮，捉摸不定。戲法箱中的女孩，被鋸成兩半，親眼目睹，卻又無法眼見為憑，世上之事應如是觀，何況善變愛情。

男孩的舅舅理性明智點出男孩的困境，但嗜酒如他，這伏筆何嘗不落入另場幻境。

我喜歡算命師，既不費心點醒，卻留給男孩一段難忘經歷，和迂迴沈思的空間。

藍星詩學　九十、創刊號